VOYAGE

DANS

LE PAYS BASQUE.

IMPRIMERIE DE FÉLIX LOCQUIN,
rue Notre-Dame-des-Victoires, n° 16.

VOYAGE

DANS

LE PAYS BASQUE

ET

AUX BAINS DE BIARITZ,

CONTENANT DES OBSERVATIONS SUR LA LANGUE DES BASQUES,
LEURS MOEURS, LEUR CARACTÈRE, ETC.

PAR

PROSPER DE LAGARDE.

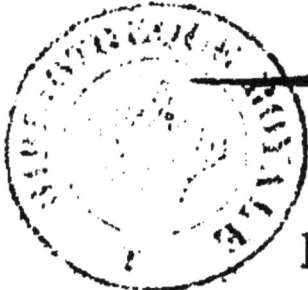

PARIS

AUDIN, LIBRAIRE,

QUAI DES AUGUSTINS, 25.

1835

LETTRE D'ENVOI

LETTRE D'ENVOI.

Vous serez sans doute surpris, mon cher ami, de recevoir de moi un aussi volumineux envoi que celui qui accompagne cette lettre, et qui sera probablement suivi de quelques autres du même genre. Que voulez-vous? je me suis senti saisi cette fois d'une espèce de monomanie descriptive, d'une fureur de raconter dont on ne peut calculer les suites. Je ne suis pas coutumier du fait, vous le savez. Combien de fois ne m'avez-vous pas reproché le laconisme de ma correspondance dans mes différens voyages? Et en effet, je me le rappelle encore avec un sentiment qui tient du remords. Il semblait, à la brièveté de mes récits, que, perché sur l'hippogriffe de l'Arioste, je n'eusse fait réellement qu'apercevoir à tire d'aile les contrées que j'avais parcourues.

Quelques lignes bien sèches sur la Provence, sur Marseille, Nîmes, Arles, qui ont fourni à M. Nisard cinquante pages étincelantes d'esprit dans la Revue de Paris ; quelques pages consacrées aux Alpes, aux Pyrénées ; trois, je crois, à l'Angleterre. Trois pages à l'Angleterre ! Grand Dieu, quel barbare, quel Vandale suis-je donc? Quoi, j'ai vu Westminster et je n'ai trouvé que trois pages à vous envoyer sur le pays qui le possède! Westminster dont trois volumes pourraient à peine décrire les beautés, pour qui saurait bien les apprécier et les peindre ! Et cependant, mon cher ami, ces voyages n'ont pas été entièrement perdus pour mon imagination. Mille souvenirs, confus sans doute, faute d'en avoir fixé la trace, viennent incessamment se croiser dans ma tête, et me présentent mille images, les unes vaporeuses et vagues, les autres plus colorées et plus distinctes.

En Provence seulement, que de choses dignes d'attention et d'intérêt! Avignon et ses jolis petits remparts, et sa belle vue de Notre Dame des dons; Tarascon et son château, antique demeure du bon roi René, et sa Tarasque; Beaucaire et ses belles prairies sur les bords du Rhône; Vaucluse et sa fontaine où l'on croit trouver de verts bosquets et des ombrages frais, et où je n'ai trouvé qu'une plaine brûlante, un pauvre village, et des rochers décharnés surmontés de quelques pierres qu'on me dit avoir été jadis la maison de Pétrarque; Arles, ses admirables antiquités et ses jolies habitantes qui le disputent en beauté à celles de Marseille (a)! Et Marseille, ce coup d'œil si imprévu, si grandiose, si magnifique, quand on arrive à *La Viste*, ses milliers de bastides, son port, ses belles allées! Je me rappelle encore cette procession de la Fête Dieu à mon premier voyage à Marseille, en 1817 ou 1818. Quelle pompe, quelle richesse ! Ces chants harmonieux s'élevant dans les airs, ces croix, ces nombreuses bannières se déployant au loin, ce concours immense, ces milliers de femmes sur trois rangs de chaises, dans toutes les rues jonchées de fleurs, l'éclat de leur parure et de leur beauté, ces toilettes si élégantes, ces costumes provençaux si pittoresques ! Paris n'a jamais offert un tableau comparable à celui-là. J'étais ébloui, enchanté, enivré ; je me croyais dans un monde nouveau ; et puis le port, la mer à deux pas ; ces voix étranges, ce patois si dur dans la bouche des hommes, si doux dans celle des femmes.

Puis Toulon, son arsenal, son beau port, sa rade plus belle encore ; et mon séjour, près de Toulon, sous la tente des Kirghis, mais une vraie tente de Kalmoucks, avec de vrais Tartares, arrivant bien des bords de la mer Caspienne avec un beau troupeau de chèvres et boucs du Thibet, sous les ordres de leur directeur Jaubert, le voyageur, l'Arménien, le

Turc, le Professeur enfin ; et ces braves Tartares ·n'ayant appris dans tout leur long voyage que deux mots de français, *pas*, et *bon*, qu'ils prononçaient *boune*. C'était là tout leur vocabulaire, leur *alpha* et leur *oméga*. On leur donnait des fruits, *boune*, du café, *boune*. On leur montrait du côté de leur pays, bien loin, bien loin, *boune*. On leur montrait M. Jaubert, *boune*, *boune* ; Toulon, *pas boune*. Ils n'aimaient pas la France ; ils avaient le mal du pays. Il me semble être encore à ce déjeûner sous la tente avec l'amiral, M. Jaubert, quelques jolies dames de Toulon, les Tartares accroupis dans un coin, et les boués du Thibet à quelques pas, montrant leur longue barbe, et nous regardant d'un air un peu moins hébèté que les Kalmoucks.

Il me semble errer encore sur les bords de la Durance que je voulus remonter à pied depuis son embouchure jusqu'à sa source, comme les bergers de Florian, et en compagnie des bergers un peu moins couleur de rose de la *Camargue* ou de la *Crau* (*b*) ; sur ces belles pelouses des sommets des Alpes moyennes de Briançon et de Barcelonnette ; dans cette petite vallée du Vercors , en Dauphiné, si fraîche , si solitaire, et pourtant si coquette, où je passai une semaine comme un jour, dans l'enivrement des beautés de la nature.

Quelquefois, dans des heures de paresse et de nonchalance intellectuelle , fatigué d'affaires sérieuses ou de préoccupations matérielles, je cherche à fixer ces réminiscences fugitives, et peut-être quelque jour vous écraserai-je d'un in-octavo bien lourd et bien compacte. Dieu vous en garde. En attendant, je vous envoie, mon cher ami, ces notes sur une petite peuplade intéressante; notes tracées en courant , auxquelles j'ai rattaché quelques souvenirs historiques. Mais qui sait si j'aurai pu réussir à jeter quelque intérêt sur mon récit? Qui sait si cette fois vous ne me trouverez pas trop verbeux, après m'avoir trouvé trop laconique? Peut-être dois-je craindre de vous ennuyer de mes bavardages après vous avoir indisposé par mon silence. Adieu, que votre amitié me soit en aide.

VOYAGE

DANS

LE PAYS BASQUE.

VOYAGE

DANS

LE PAYS BASQUE

ET

AUX BAINS DE BIARITZ.

CHAPITRE PREMIER.

Départ de Toulouse. — Auch. — Pau. — Orthez. — Le Château de Moncade.

Je me trouvais à Toulouse au mois de juillet dernier. L'atmosphère de la ville était étouffante ; aussi toute la société l'avait abandonnée pour aller chercher un peu d'air frais à la campagne ou aux eaux. J'avais une quinzaine de jours à moi ; je résolus d'en profiter pour faire aussi mon excursion, et aller visiter ce petit coin reculé du département des Basses-Pyrénées que l'on nomme le Pays Basque ; contrée peu connue, peu explorée et que je désirais parcourir depuis long-temps.

Je partis donc de Toulouse par la plus belle soirée du monde, et après avoir franchi assez péniblement douze mortelles lieues de montagne dans une diligence mal servie, j'arrivai à Auch de très-bonne heure.

Un *touriste* à grandes allures répugne à se compromettre dans une voiture publique. Il voyage en chaise de poste, mais aussi il a souvent l'ennui pour compagnon de voyage. Toute vanité à part, je trouve la diligence incontestablement préférable. Je conçois qu'un diplomate à qui ses instructions imposent l'obligation d'arriver à jour fixe à quatre cents lieues; qu'un agent de change forcé d'aller prendre les eaux de Barèges pour ses rhumatismes, et qui compte impatiemment les jours de bourse qu'il va perdre, voyagent dans leur chaise de poste. Mais hors les cas de cette gravité, je suis d'avis que voyager seul en poste est la chose du monde la plus absurde. Je ne dirai pas l'étude de l'homme, parce que ce serait afficher des prétentions à la philosophie, mais l'observation même superficielle de l'homme (et il est bien évident que nous comprenons les deux sexes sous cette dénomination), a quelque chose de si amusant que je ne comprends pas qu'on puisse s'en priver volontairement, quand l'occasion s'en présente. Or , je vous le demande, où peut-on être mieux placé sous ce rapport que dans une diligence où règne d'ordinaire un abandon qu'on ne retrouverait peut-être nulle part au même degré? Cela est vrai surtout pour le midi où l'on est en général plus expansif que dans le nord , où une saillie n'attend jamais l'autre, où la plaisanterie et le bon mot sont presque en permanence, et où, par conséquent, le champ de l'observation promet une récolte plus abondante et plus facile.

Après cette indispensable digression , je reprends mon récit à peine commencé.

Mais n'allez pas vous effrayer d'avance, et supposer que je vais vous fatiguer en renouvelant souvent de pareils écarts ; non, je sais que le genre de Sterne qu'on a tant gâté est aujourd'hui usé, comme le disait dernièrement dans le *Journal des Débats* un de nos écrivains qui n'aurait pas trop de tout son esprit pour le rajeunir. Ainsi je ne m'y hasarderai pas.

Je disais donc qu'après avoir fait douze lieues de Gascogne en dix heures, j'arrivai à Auch d'assez grand matin.

A moins de se jeter dans les souvenirs historiques, je ne vois rien de bien intéressant à dire sur cette ville, si ce n'est qu'elle possède une admirable, une sublime cathédrale du moyen âge et un excellent préfet de 1830, deux choses qu'on ne trouve pas partout, et dont le département du Gers peut s'enorgueillir à juste titre.

La cathédrale d'Auch mérite certainement d'être placée au premier rang parmi les anciennes basiliques de la France. L'élégance de sa construction et de sa coupe intérieure, la richesse et l'éclat de ses vitraux, ses tours, et surtout le chœur tout revêtu de sculptures en bois d'un travail admirable dans ses mille détails, en font un des monumens les plus remarquables en ce genre.

Quant au préfet, admirateur sincère de M. d'Etigny, ancien intendant de Gascogne, qui a fait un bien infini à cette province dans le cours de son administration, surtout en y créant de belles routes

à une époque où la France en était si dé-
pourvue, il cherche à marcher sur ses
traces. Le département ressent déjà les
heureux effets de son zèle et de la con-
stance de ses efforts pour mener à bien
une entreprise utile en dépit des obstacles.

La reconnaissance des Gascons a élevé
à M. d'Etigny une statue qui figure fort
agréablement sur la place publique, et
qui prouve aux censeurs de l'espèce hu-
maine qu'elle n'est pas toujours oublieuse
du bien qu'on lui fait.

Il y a aussi à Auch, m'a-t-on dit, une
espèce de salle qu'on a décorée du nom de
salle de spectacle ; et en effet on y joue
parfois la comédie, voire même la tragédie. Lorsque j'arrivai dans cette ville,

Ligier en sortait. Les habitans étaient encore sous le charme de ses tragiques fureurs et des émotions profondes qu'il avait excitées dans les rôles d'Hamlet et d'Othello. J'en vis même quelques uns bien persuadés qu'ils avaient pris une idée du faire de Shakespeare dans les pâles esquisses de ce vertueux Ducis. Je les laissai dans leur douce illusion, et fidèle, par système, aux diligences, comme je l'ai dit, je repris au passage celle de Bayonne.

Je traversai rapidement Mirande, Rabastens. Quelque temps après avoir quitté cette dernière ville, et au milieu de la belle plaine de quatre lieues d'étendue qui la sépare de Tarbes, une immense avenue de peupliers attire l'attention du voyageur. Elle conduit au château de Tostat où je m'arrêtai quelques jours ; antique et beau manoir féodal, sur les bords de l'Adour, entouré de bois, de riches prairies, et où les Pyrénées à peu de distance, échelonnées dans un arrangement admirable, forment absolument, comme dit Fénélon, *un horizon à souhait pour le plaisir des yeux.* Là l'hospitalité, toujours gracieuse et bienveillante, s'embellissait pour moi du charme des liens de famille. Il me fallut cependant, pour accomplir mes projets de voyage, quitter cet agréable séjour, et reprendre la route de Tarbes.

Cette gentille petite ville, entourée de verdure, arrosée par l'Adour qui coule en double ruisseau par les places et par les rues, est d'une fraîcheur et d'une propreté charmantes.

J'y arrivai un jour de marché, et là je commençai à reconnaître la coiffure caractéristique des habitans du Béarn et du Bigorre. Le *béret* de laine bleue pour les hommes, et le *capulet* pour les femmes ; espèce de coiffe ou capuchon de drap rouge dont quelques-unes savent tirer parti avec une certaine coquetterie de village. L'abbé de Voisenon, voyageant dans ce pays, appelait cela des *coqueluchons*. Le galant abbé, qui n'aimait guère la belle nature que dans les jardins de Montrouge [1], n'était pas charmé des Pyrénées.

---

[1] Le duc de la Vallière avait une délicieuse habitation à Montrouge. Il aimait beaucoup Voisenon qui y allait très souvent. Aussi Voltaire, en plaisantant, l'appelait-il quelquefois : *notre cher aumônier, Monseigneur l'évêque de Montrouge.*

Il y a quelque chose d'assez comique dans l'espèce d'impressions qu'il ressentait là où tant d'autres éprouvent des sensations si délicieuses. « Je suis arrivé ici hier
» en bonne santé, écrivait-il à son neveu,
» mais j'ai mal dormi parce que la maison
» où je loge est près d'un torrent qui fait
» un bruit affreux. Ce pays-ci ressemble à
» l'enfer comme si on y était, excepté
» pourtant qu'on y meurt de froid. C'est
» une horreur à la glace, comme la tragé-
» die de Térée (*tragédie de Lemière*). On
» y est écrasé par des montagnes qui se
» confondent avec le ciel. On y voit de la
» neige sur la cime. Plus bas sont des fu-
» mées qui ressemblent aux fours à plâtre
» de Belleville. De tous côtés se trouvent
» des rochers énormes qui ne tiennent à
» rien. Les montagnards y sont vêtus cou-

» leur de suie. Leurs visages sont brûlés.
» On croit réellement être avec les sujets
» de M. Béelzebuth. Les femmes y ont des
» *coqueluchons*. Les vieilles ont l'air des
» trois parques, d'autant plus qu'elles ont
» toujours le fuseau à la main. »

Ne vous représentez-vous pas l'épicurien
Voisenon, l'ami de Voltaire et de madame
Duchatelet, de Favard et de sa femme,
tout dépaysé, tout effaré, tout crispé, au
milieu de ces montagnes qui l'écrasent, de
ces torrens qui l'étourdissent; tout mys-
tifié de s'être laissé mener si loin de l'O-
péra et du théâtre Italien, et jurant bien
de n'y revenir de sa vie?

Ce n'est pas ainsi que sentait et s'expri-
mait cent ans auparavant une belle dame
de la cour de Louis XIV : « Je m'étais tou-

» jours imaginé, dit madame de Motteville,
» que les Pyrénées étaient des montagnes
» désertes et incultes, où nulle beauté ne
» se pouvait rencontrer que celle qu'une
» affreuse solitude, jointe à leur prodigieuse
» hauteur, pouvait leur donner ; mais je fus
» étonnée de voir l'agréable et l'horrible y
» faire un mélange admirable de toutes les
» différentes beautés de la nature. Il se
» forme d'espace en espace, dans ces
» hautes et monstrueuses montagnes,
» de très belles vallées. Si ces vallées
» n'ont pas une assez vaste étendue pour
» donner aux yeux le plaisir d'une vue
» lointaine, elles ont du moins cet avan-
» tage que la vue en est bornée par mille
» objets différens qui sont agréables à
» voir. Outre la beauté des prés, on y voit
» des blés, des vignes, des lins et de tou-

» tes les choses nécessaires à la vie. D'un
» côté on voit une montagne dont la hau-
» teur voisine du ciel, est couverte de
» neige par en haut, ayant des nuées qui
» se forment à la moitié de la montagne ;
» et de l'autre on en voit de moins hautes
» qui sont labourées et plantées de la même
» manière que le sont les collines autour
» de Paris : d'autres qui portant sur leur
» front la même hauteur, sont jusqu'à la
» moitié aussi remplies de verdure, de pâ-
» turages, de bêtes et de bons blés que
» celles qui sont plus-basses. Il y en a
» aussi parmi celles là d'incultes et qui,
» pour tout ornement, n'ont que des ro-
» chers affreux qui donnent, par une cer-
» taine horreur qu'ils inspirent dans l'es-
» prit, une admiration bien forte de la
» puissance de celui qui est le créateur de

» toutes choses. De ces montagnes, et par-
» ticulièrement des plus désertes, sortent
» plusieurs torrens qui, tombant du haut
» de ces rochers, coulent le long de ces
» pierres noires dont les rochers sont for-
» més, et font des cascades admirables : le
» bruit en est agréable et tout ensemble
» étonnant.

» Il y a dans toutes ces vallées de beaux
» villages et de grands bourgs fort peu-
» plés. Les églises y sont bien suivies; il y
» a plusieurs prêtres. Le peuple y est
» néanmoins méchant, car la rusticité du
» climat le rend cruel; mais il ne laisse
» pas d'être dévot à sa mode, et sur tous
» les chemins l'on rencontre plusieurs
» chapelles et des images de Notre-Dame.
» Son langage est un espagnol corrompu

» qu'il est difficile de pouvoir entendre.
» Les paysans sont tous grands, de bonne
» mine, et bien habillés. Ils allaient autre-
» fois armés de pistolets et de poignards;
» mais alors M. de Tarbes, leur évêque,
» leur avait défendu d'en porter, à cause
» que souvent ils se tuaient les uns les
» autres, et se donnaient entre eux de
» petites batailles [1].

Madame de Motteville n'écrivait peut-
être pas aussi bien que l'abbé de Voisenon, mais il semble qu'elle sentait mieux;
et surtout elle n'était pas obsédée, comme
il l'était assez fréquemment, au milieu de
sa vie mondaine, de la peur du diable et
de l'enfer.

---

[1] *Mémoires de Madame de Motteville*, 1825,
tome 10, page 106.

De Tarbes à Pau on traverse un pays un peu sauvage. La route serpente dans des Landes immenses servant de pâturage aux troupeaux. Des défrichemens qui ont été effectués de place en place, et où l'on voit de bonnes prairies et de beaux blés de Turquie, attestent le parti qu'on pourrait tirer de ces terrains s'ils étaient livrés à l'agriculture.

Pau est dans une situation ravissante. La beauté du pays y attire en foule les étrangers, et surtout les Anglais dont une grande partie même y fixent leur résidence. Les coteaux de Gélos et de Jurançon, le Pic du Midi se posant majestueusement à l'horizon comme le roi des Pyrénées, le Gave qui anime la scène, et franchit, en bouillonnant, un amphithéâtre de montagnes , forment un des plus jolis paysages qu'on puisse imaginer.

Les voyageurs qui arrivent à Pau commencent ordinairement par aller visiter le château d'Henri IV, et l'écaille de tortue qui lui servit de berceau. Quoique je lui eusse déjà payé mon tribut, il y a quelques années, je ne manquai pas d'y retourner avec un de mes compagnons de voyage, en attendant le diner confortable qui se préparait pour nous à l'hôtel de la Poste. Mais le château et la ville de Pau, et le pays qui l'environne, et Lourdes et Bagnères ont été visités par tant de monde , décrits si souvent, ont fait le sujet de tant de livres , *Voyages aux Pyrénées, Guides, Itinéraires , excursions , etc.* qu'il serait fort difficile de dire à cet égard quelque

chose qui n'eût pas été dit cent fois. Pau
d'ailleurs n'était pas l'objet de mon voyage.
C'était encore pour moi un pays de connaissance ; mais dans mes différentes excursions pyrénéennes, je n'avais jamais été
plus loin du côté de l'ouest. Désormais
chaque pas que j'allais faire devait m'of-
frir des objets nouveaux. Aussi étais-je im-
patient d'entrer sur cette terre inconnue.
J'étais encore chez les Béarnais dont j'entendais le patois à moitié, comme tous ceux
du midi, à l'aide du latin et de l'italien [1].
C'était des Basques que je voulais voir. Il

---

[1] L'Espagnol y entre aussi pour beaucoup.
Néanmoins sans savoir cette langue, celui qui
possède le latin, l'italien et le français, a une
extrême facilité à saisir les divers patois du
midi de la France. Mais pour le Basque, qui
n'est pas un patois, c'est toute autre chose.

me tardait d''entendre parler basque,
tout sûr que j'étais d'avance, et par cela
même [1], de ne pouvoir saisir un mot de

---

[1] Je trouve une disposition analogue dans
M. Daumont qui vient de faire paraître la rela-
tion de son voyage en Suède :

« A Stockolm je voulus aller à un sermon ;
« le hasard ou la curiosité me conduisit à l'é-
« glise Finoise. J'espérais entendre prêcher
« dans cette langue que je ne connaissais pas.
« Je fus trompé dans mon attente ; on prêchait
« en Suédois. »

Voyage en Suède par A. Daumont. 1845,
tome 2, page 140.

(La langue Finoise n'a aucun rapport ni
avec le Suédois, ni avec le Russe. Elle se
parle dans les campagnes de la Finlande et
dans quelques parties reculées de la Suède. Le
Lapon est un dialecte Finois.)

cette langue (car c'en est une), qui n'offre d'analogie avec aucune langue de l'Europe. Et puis des noms si extraordinaires ! Je voyais sur ma carte, par exemple, en fait de rivières, *Aringaston*, *Houabea*, *Uhaitshandia*, *Arangoroné*, *Gambouri*; en fait de montagnes, *Handiamondi*, *Erostate*, *Ahunsbide*, *Altobiscar*, *Igoustabeguy*, *etc.*, *etc.*

Evidemment ce devait être une langue aussi baroque pour le moins que celle des Iroquois ou des Mohicans[1]. Quel plaisir

---

[1] La Biscaye conserve encore sa langue particulière, la même qu'on y parlait sous les Romains, et qui était vraisemblablement alors commune aux autres provinces de l'Espagne. C'est la langue Basque qui ne ressemble en rien du tout à la langue Espagnole moderne, qui passe pour être aussi ancienne que le pays,

d'être au milieu de ces sauvages sans sortir de France ! tant il est vrai que l'étrange et l'inconnu ont quelque chose qui excite toujours nos désirs et séduit notre imagination ! aussi est-ce avec un véritable plaisir que je montai en voiture pour me diriger vers Bayonne.

A une lieue environ sur la droite, on

---

et qui n'a de rapport avec aucune langue connue. Elle s'est conservée presque sans corruption et sans altération, surtout parmi ceux qui habitent les parties les plus élevées des montagnes. Elle paraît dure et grossière à ceux qui ne la comprennent pas, mais elle est douce, élégante et expressive pour ceux qui en ont l'usage. »

Itinéraire descriptif de l'Espagne, par M. le comte de Laborde, 3e édition, tome 1er, page 276.

aperçoit à peu de distance de la route un village où se trouvent encore aujourd'hui quelques bâtimens qui ont assez d'apparence. C'est *Lesca* qui fut jadis le siége d'un évêché, et qui, dès l'année 845, avait été érigé en *cité*, puisqu'il est mentionné dans une charte parmi les cités de Gascogne ruinées à cette époque par les Normands.

L'historien Marca assure que *Lesca*, ou *Lascar*, fut autrefois la capitale du Béarn. Orthez, que nous traversâmes quelques heures plus tard, réclame le même honneur et semble y avoir plus de droits. Il est certain que les princes souverains du Béarn ont fait leur séjour dans cette dernière ville pendant l'espace de deux cents ans, depuis que Gaston IV y eut fait bâtir le château de Moncade en 1240, et y eut transporté sa résidence, jusqu'en 1460 que Gaston de Navarre se fixa définitivement dans le château de Pau.

Ce château de Moncade qui, à cause de sa magnificence, était surnommé *le Chasteau Noble*, et que Froissart dit avoir vu avec admiration, se rapportait entièrement pour le plan et la situation, au château du même nom, en Catalogne, duquel ce Gaston IV avait été propriétaire, ainsi que Guillaume son père, et Guillaume Raimond de Moncade son ayeul. C'est ce même Guillaume Raimond, vicomte de Moncade, qui, ayant assassiné par vengeance Bérenger, évêque de Tarragone, sur les plaintes que la famille en porta au pape Célestin II, en reçut une sévère pénitence *dont il fut bruit long-temps*, dit la chronique, *dans toute la province, et même au-dehors*.

La famille avait d'abord présenté sa plainte au roi d'Aragon *qui ne s'en émut aucunement, de sorte*, dit l'historien, *que le meurtrier demeurait impunément dans ses terres avec aussi peu d'esmotion que s'il eût tué un veau* [1]. Alors elle eut recours au pape qui prit la chose plus sérieusement. Il condamna le vicomte de Moncade à aller nu-pieds, la hart au cou, faire amende honorable à l'église de Tarragone, à jeûner tous les vendredis au pain et à l'eau, à porter constamment un cilice sur la chair, à faire le voyage de la terre sainte, y ajoutant encore d'autres pénitences dont le dé-

---

[1] *Hist. du Béarn*, par Marca, *in-fol.* c. 27, p. 556.

tail se trouve dans le latin naïf du chartrier de l'église de Tarragone, *bullâ Celestini.*

Orthez, après avoir été la brillante métropole du Béarn, n'est plus aujourdhui qu'une très-modeste sous-préfecture. Je n'en dirai rien si ce n'est qu'elle m'a paru avoir le privilège de renfermer beaucoup de jolies femmes. Le bruit d'une voiture sur le pavé fait tout-à-coup mettre aux fenêtres une quantité de gentils minois aux yeux noirs ravissans, à l'expression fine et piquante. De ces jeunes filles les unes vous rient tout simplement au nez, rieuses et folles qu'elles sont comme presque toutes les filles du midi ; d'autres se contentent de sourire d'un air plutôt engageant que moqueur.

Malgré tout ce qu'elles pouvaient avoir d'attrayant nous ne jugeâmes pas à propos de nous arrêter, et après avoir voyagé toute la nuit, nous arrivâmes à Bayonne à la pointe du jour. Les premiers rayons du soleil commençaient à éclairer les vertes campagnes qui environnent cette ville, et pour moi c'était bien ce lever du soleil que Rousseau a si admirablement peint d'un seul trait : « L'homme reconnaît son sé- » jour et le trouve embelli. » Car ce pays me parut encore plus frais et plus gra- cieux que tout celui que je venais de parcourir, et cependant je venais de Pau !

Après avoir descendu rapidement un triste faubourg appelé le bourg St-Esprit, on arrive aux portes de la ville. Là on nous demanda nos passeports. La récente ar- rivée de don Carlos en Espagne faisait re- doubler de sévérité envers les voyageurs. Enfin on nous trouve en règle, nous en-

4

trons, et je me fais conduire à l'hôtel
Saint-Etienne.

CHAPITRE II.

Les Basques. — Ancienneté de leur civilisation. — Langage et mœurs. — Caractère.

C'est une chose remarquable que dans le grand nombre de voyageurs qui ont écrit sur les Pyrénées et sur les eaux thermales que ces montagnes renferment, qui en ont décrit les sites et les beautés naturelles, il s'en soit trouvé si peu qui

aient été tentés de visiter cette partie re-
culée des Basses-Pyrénées qu'on nomme
le Pays Basque, ou du moins qui en aient
consigné la description dans leurs ouvrages. Et cependant ces Basques, au nombre de sept à huit cent mille environ (y
compris les Basques Espagnols) , sont
une petite peuplade à part qui méri-
tait bien quelque attention. Non pas
qu'aujourd'hui leurs mœurs et usages
aient rien d'absolument local , quant
à la partie française surtout, ni de différence bien tranchée avec ceux des
Béarnais et autres Gascons leurs voisins , si ce n'est peut-être leur passion
pour le jeu de paume. Mais leur langue,
dont la formation est inconnue, dont
l'ancienneté est incalculable, et qui,
chose inouïe, s'est conservée pure de tout

mélange avec celles de leurs voisins ;
cette espèce d'isolement de langage au
milieu de la civilisation qui les pressait
de toutes parts ; la vivacité qui leur est
particulière, le caractère même de leur
physionomie qui s'est conservé original
presque autant que leur idiome, leur ancienne bravoure, le rôle qu'ils ont joué
autrefois lorsqu'ils occupaient un pays plus
vaste, tout en eux est fait pour exciter
l'intérêt et la curiosité.

L'origine des Basques se perd dans la
nuit des temps. Les historiens ont formé
mille conjectures diverses à cet égard.
Tout ce que l'on sait de positif, c'est que
les Basques d'aujourd'hui descendent des
anciens habitans de la péninsule Hispa-
nique. Ils sont les fils de ces farouches

Cantabres, qui avant d'être les alliés des
Romains, les avaient combattus long-temps,
et avec tant de vaillance que ceux-ci n'a-
vaient pu parvenir à les dompter entièrement lorsque toute l'Europe leur était
soumise. Plus tard , poursuivis et serrés
de tous côtés par les hordes innombrables
de Goths et de Sarrazins qui avaient en-
vahi l'Espagne, se défendant pied à pied
sans jamais s'avouer vaincus, ils furent ré-
duits à venir prendre possession des montagnes qu'ils occupent encore aujourd'hui.
Là ils se retranchèrent comme derrière
des remparts inexpugnables.

C'est à peu près vers cette époque qu'ils
quittèrent le nom de Cantabres pour
prendre celui d'*Escualdunac* qui est leur
vrai nom basque, et d'où leur langue a

pris la dénomination d'*Escuara*, comme la langue française a tiré la sienne du peuple franc.

Mais d'où provenaient eux-mêmes ces anciens Cantabres qui sont évidemment les ancêtres des Basques actuels ? C'est ici que la question devient plus obscure. Les Romains les connurent tels que nous voyons leurs descendans aujourd'hui; sans idées positives de leur origine, sans monumens, sans histoire, sans traditions, n'ayant aucun rapport avec leurs voisins. Ils les trouvèrent, comme de nos jours, formant une race unique, séparée, parlant une langue inconnue au reste du monde, langue réduite aux besoins de leur vie simple et modeste, mais conservant dans son mécanisme des traces incontestables,

quoiqu'affaiblies, d'une civilisation anté-
rieure extrêmement avancée.

M. de Humboldt considère la langue
basque comme étant d'une haute antiquité.
Il raconte à ce sujet que, s'informant auprès des Indiens réfugiés dans les Cordi-
lières, s'ils se regardaient comme les plus
anciens habitans de ce pays, il lui fut répondu que non, qu'ils avaient été précédés
par une autre race nommée *Astegui*; or,
ce nom est basque, et signifie *les premiers.*

Des savans ont retrouvé dans l'hébreu
des radicaux basques, surtout des noms
de pays et de montagnes de l'Asie, et en
ont conclu que l'origine de ce peuple pourrait se confondre avec celle du peuple
hébreu. Il y a, en effet, à cet égard, des
analogies frappantes. Ainsi, le mont *Ara-*

rat, où s'arrêta l'arche après le déluge, est un mot basque qui signifie *le voilà, allons-y*. L'*Arménie* (*Arménia*), autre mot qui signifie *à la portée de la main*. Le fils aîné de Noé s'appelait *Sem* : en basque, *sem* veut dire *fils*, *issu de*. *Amona*, ville de la tribu de Ruben, est composé de deux mots basques [1], qui signifient bonne mère, *am*, mère, et *ona*, bonne. *Emi* en hébreu répond à notre mot femme, *Emaste* en basque veut dire femme.

Jehovah, le mot par excellence, le nom de Dieu de toute antiquité (*quékoua* ou

---

[1] M. de la Bastide prétend même, dans ses dissertations au sujet des commentaires de César, que *Jérémie* et *Isaïe* viennent du basque; le premier de deux mots basques qui signifient *parole haute, parole puissante;* le second de deux mots qui signifient *parole sombre, amère.*

guékoua, d'après la prononciation orientale), qui n'est qu'un mot chez les peuples d'origine très-reculée, se retrouve dans la langue basque, signifiant *Dieu* également, mais formant une phrase complète : *yiaincoa,* seigneur des hauteurs, être suprême (c).

Les Basques ne se sont jamais adonnés à l'idolâtrie : le culte druïdique leur était inconnu. Ils ne reconnaissaient que leur Jehovah, *yiaincoa.* Ils commençaient et finissaient leur journée par cette formule : *Yiaincoa digula egun on,* que Dieu nous donne une bonne journée; *Yiaincoa digula gau on,* que Dieu nous donne une bonne nuit.

Il me serait facile de multiplier les citations, si je ne craignais de faire de ce chapitre un fragment de dictionnaire : celles-ci suffisent pour expliquer, jusqu'à un certain point, l'assertion des érudits qui assurent que la formation de la langue basque remonte à l'origine des langues et des sociétés.

———

Les Basques autrefois se prétendaient tous nobles, ayant, disaient-ils, reçu des lettres de noblesse de Jules César, lesquelles mêmes avaient été confirmées par Caracalla. Néanmoins, comme là où tout le monde est noble personne ne l'est, puisque noble, *nobilis*, *notabilis*, veut dire distingué entre les autres, il leur fallait bien quelques distinctions.

Ces distinctions nobiliaires tenaient à la propriété de certaines maisons nommées

Infanzones, et auxquelles était attaché le droit d'entrée aux Etats. Elles se transmettaient à l'aîné de mâle en mâle, comme autrefois en France les substitutions, avec cette différence qu'on pouvait les aliéner. Mais comme un grand intérêt de position sociale se rattachait à leur possession, on pense bien que les familles ne se décidaient jamais à les vendre, à moins qu'elles ne fussent tombées dans la détresse la plus complète. Quelques-unes gravaient leurs noms sur le frontispice. C'est sans doute une maison de ce genre que j'ai vue auprès de la Bidassoa, dans le village d'Hendaye, dont j'aurai à parler tout à l'heure. Cette maison, qui tombe en ruines comme la moitié de celles d'Hendaye, paraît avoir été considérable. La façade est en partie conservée. Au-dessus de la porte d'entrée

on voit ces noms gravés dans la pierre :
Guillaume d'Harrismendy, Marie de Larraista. 1679.

On pourra, du reste, juger de l'ancienneté de la civilisation, non pas seulement de la nation Basque, qui habitait antérieurement d'autres contrées, mais du Pays Basque actuel, par le fait suivant. Il est rapporté par M. l'abbé d'Iharce, de Bidassouet, à qui, je dois le dire, je suis redevable d'une grande partie des renseignemens renfermés dans ce chapitre, et qui l'a consigné dans l'ouvrage sur les Cantabres qu'il a publié en 1825 :

« En 117 de Jésus-Christ, l'empereur Adrien fit diviser cette Aquitaine, agrandie, et nouvellement formée par Auguste, en trois parties, dont les deux dernières

5

furent appelées *deuxième et troisième
Aquitaines*, et dont la première était l'ancienne Aquitaine Cantabrique, constamment indépendante, ou *Novempopulanie*.
Il y avait à Rome, à cette époque, un certain Verus, *natif de Hasparren* (ou plutôt
Arrasbarné, nom primitif et basque de
Hasparren, aujourd'hui chef-lieu de canton
de l'arrondissement de Bayonne). Ce Verus
fut envoyé comme gouverneur de la Novempopulanie. A son arrivée à Arrasbarné,
les Cantabres vinrent à l'envi présenter
leurs hommages à leur compatriote comblé
des faveurs de l'empereur, et le prièrent
d'obtenir de lui que leur province fût séparée du reste des Gaules.

« En effet Verus partit pour Rome, et
obtint d'Auguste tout ce que ses compa-

triotes souhaitaient. A son retour dans sa ville natale qui était en même temps le siège du gouvernement, il dressa un autel en actions de grâces, et le dédia au vœu général du pays. Voici l'inscription en basque, telle qu'elle est gravée sur une pierre votive dans l'église d'Hasparren :

Apherhaundi, cherkhari, biguz, berri-nagusi,
Verus, augustoren ganat, mezus egorriac.
Berecharazi ditu bederatzi, herriac.
Esquerrez aldare hau eguin-duque herrien gurari. »

Comme cette inscription pourrait vous paraître peu intelligible, même en vous aidant du latin, de l'italien et de l'espagnol, en voici la traduction :

« Verus, grand prêtre, questeur, duumvir et gouverneur du pays, *envoyé en ambassade à l'empereur*, en obtint la séparation de l'Aquitaine Cantabrique du reste des Gaules. A son retour de Rome, il dressa cet autel au vœu du pays. »

Voilà donc, en l'année 117, les Cantabres qui députent un ambassadeur à Auguste, et cet ambassadeur est un basque; il est né à Hasparren, il a fait son chemin à Rome où il a été élevé en dignité par l'empereur. Hasparren, qui n'est aujourd'hui qu'un gros bourg, devait donc être déjà une cité de quelque importance, puisqu'elle était la résidence du gouverneur de l'Aquitaine Cantabrique.

Le Pays Basque français se compose de trois petites contrées désignées sous le nom de Labour, de Soule et de basse Navarre, formant aujourd'hui l'arrondissement de Bayonne et une partie de celui de Mauléon.

Dans plusieurs ouvrages de statistique et de géographie, ce pays est désigné comme peu fertile. Cette opinion n'est pas fondée. Si on en excepte un très petit nombre de localités, et une zone très étroite du littoral qui n'est que sablonneuse, le sol est propre à toutes les cultures. Il produit de beaux blés et de bons fruits. Les vignes s'y plaisent et y donneraient de bon vin si les habitans les cultivaient bien. Mais le goût des plaisirs, des courses, de la contrebande, et surement aussi leur attachement aux vieilles méthodes, sont autant d'obstacles à l'amélioration de leur agriculture.

Il est vrai de dire cependant que dans ces régions montagneuses, les influences atmosphériques sont parfois nuisibles aux récoltes, et que trop souvent les variations brusques de la température viennent tromper l'espoir qu'une végétation précoce avait fait naître.

Du reste, cette contrée est d'un aspect pittoresque et agréable. On y voit beaucoup de prairies naturelles. On y cultive beaucoup de maïs, ou blé de Turquie[1]. Ce grain forme la principale nourriture des habitans pauvres du pays. Ils font de sa farine une espèce de galette qu'ils nomment *artoa* comme le grain lui-même, et en patois béarnais *méture*. La méture est à la fois pour les Basques, ce que la châtaigne et le sarrazin sont pour les Limousins.

[1] En basque *Artoa*, en béarnais *Milloc*, dans le reste de la Gascogne et en Languedoc *Millet*.

N'ayant pas séjourné assez long-temps chez les Basques pour connaître d'une manière approfondie le caractère de cette petite et intéressante peuplade, je préfère renforcer à cet égard mes observations de l'opinion de M. d'Iharce que j'ai déjà cité, qui, étant basque lui-même, a pu étudier ses compatriotes. Il m'a paru au reste les juger avec assez d'impartialité, bien qu'il leur paie avec beaucoup de complaisance le tribut d'éloges auxquels ils ont droit.

Les Basques sont braves et spirituels, vifs et ardens, sans cesser d'être enjoués. D'un commerce facile et d'une originalité piquante, ils supportent gaiment les charges de la vie; fiers et invincibles dans leurs foyers, sacrifiant tout pour la liberté qu'ils aiment plus même que l'existence.

Leur imagination est très facile à exalter, et l'art de les conduire consiste à profiter de leur premier mouvement. Avec de la douceur on fait tout ce qu'on veut des Basques, mais la moindre violence les rend indomptables. Aussi prompts à se mettre en colère qu'à s'apaiser, ils sont amis fidèles, francs et sincères. Ils traitent tous les hommes en frères, et sont reconnaissans des moindres services qu'on leur rend.

Malgré la perte de toute espèce de titre d'ancienneté, il y a dans l'ame des Basques une impression naturelle, un sentiment si profond de leur origine et de leur ancienne suprématie comme peuple, que chez eux vous verrez le moindre paysan porter toujours la tête haute. S'il rencontre un étranger il est toujours prêt à répondre à ses politesses, mais il ne lui en fait jamais le premier.

Les Basques sont essentiellement alertes et souples. Leur agilité est sans pareille, et ce qui surprend le plus l'étranger qui vient les visiter, c'est leur tournure leste et élégante. Aucun paysan de France, sous ce rapport, ne peut leur être comparé. L'habitude de courir sur les collines les développe de bonne heure, et les rend grands marcheurs. Le jeu de balle auquel ils s'adonnent dès l'enfance, leur rend la poitrine effacée et le corps droit. Ils ont en général de beaux traits, le teint moins brun que leurs voisins français et espagnols, et leur coquetterie ajoute à ces avantages un costume simple mais gracieux. Un pantalon tenant sur les hanches, (autrefois des culottes, qu'ils ne portent plus ou presque plus), une veste courte, étroite, un gilet ouvert sur la poitrine, la cravatte en Colin d'opéra, un béret sur l'oreille, du linge blanc, des espardilles [1] garnis de rubans bleus ou rouges, une ceinture en laine rouge qu'ils agitent fréquemment avec une grâce toute particulière. Puis le bâton, meuble indispensable à un Basque; un bâton en neflier, le gros bout par en bas, garni de cuivre, le haut tenu au poignet par un cordon, et le bois

---

[1] *Spardilles* ou *espardilles*. C'est une espèce de chausson en tresses de cordes, attaché sur le pied à peu près comme les souliers des femmes françaises. Les paysans les plus coquets y mettent des rubans de couleur.

entretenu d'un beau rouge brun ; arme assez dangereuse entre leurs mains, car ils
sont irascibles, et lorsque le vin est de la
partie, les querelles de jeu ou de cabaret
amènent des combats sanglans.

Les Basques, il n'y a pas encore long-
temps, faisaient usage de couteaux dans
leurs disputes. Aujourd'hui il ne s'en présente plus que des exemples assez rares.

Les écrivains anciens disaient, en parlant
des Cantabres, qu'il n'y avait aucune nation dont les troupes fussent plus propres
à un coup de main. Aussi Annibal, qui se
connaissait en hommes, en sut tirer parti
dans ses guerres contre les Romains. Les
Basques ont une humeur vagabonde qui
les fait se disperser dans les diverses parties du monde, et cependant attachés ex-

exclusivement à la langue de leur pays, conservant dans toutes leurs excursions les plus aventureuses un vif désir de revoir leur contrée natale, ils n'aiment à vivre qu'avec les leurs et à parler leur langage particulier.

Les Basques ont toujours très peu écrit sur ce qui les concernait, et sur les événemens de leur histoire. Ils ne se nourrissent encore aujourd'hui que de traditions verbales. Ils ont négligé à un tel point de transmettre par les livres les titres de gloire de leurs compatriotes, qu'on ignore assez généralement qu'un Basque, natif de Guettary, appelé *Sébastien de Cano* ou *Cana*, fut le premier de tous les navigateurs Européens qui pénétra dans les parages de l'Amérique. C'est d'après les ren-

seignemens qu'il en avait rapportés, et
les indices qu'il communiqua, que Chris-
tophe Colomb conçut l'idée et la prévision
de la découverte de cette contrée. C'est
évidemment à ces indices et renseignemens, dans le secret desquels il n'avait pas
mis son équipage, qu'il faut attribuer
la confiance qui ne l'abandonna jamais
pendant sa longue navigation, et les
promesses prophétiques par lesquelles il
apaisait ses matelots révoltés. On assure
même qu'il avait donné la conduite de son
bâtiment à un Basque qni avait accompagné Cano ou Cana dans son expédition,
et qui lui avait transmis les observations de son ancien chef. Les papiers de
Cano furent long-temps conservés dans sa
famille, et plus tard réclamés par la cour
d'Espagne.

Les Basques ignorent même ce qui existe dans beaucoup de livres anciens au sujet de leurs aïeux. Bien peu d'entre eux savent que dans le moyen-âge l'infantérie légère la plus estimée était composée de Basques, comme l'infanterie pesante était composée de Brabançons et de Flamands. Les Basques et les Navarrois formaient, comme les Brabançons et les Flamands, de grandes compagnies franches, qui entraient au service du prince ou du seigneur qui les payait le plus. C'étaient surtout les petits souverains du midi, les comtes de Toulouse et de Provence, et les rois d'Angleterre, comme ducs de Guyenne et d'Aquitaine, qui employaient le plus les Basques dans leurs guerres. Ils servirent long-temps Richard Cœur-de-Lion, qui les aimait beaucoup, contre Philippe-Auguste;

et quand Richard fut tué d'un coup d'arbalète devant le château de Chalus, en Limousin, il avait auprès de lui un chef basque nommé Marcadez, qui fit écorcher vif le soldat qui avait tué le roi, après la prise du château.

En général, les Basques et les Navarrois étaient la terreur des pays où ils portaient la guerre; mais ils ont perdu de leur caractère belliqueux, au point qu'il y a des cantons qui sont en possession de ne jamais fournir leur contingent aux levées annuelles : ils émigrent, et préfèrent une vie vagabonde et misérable, mais indépendante, à l'assujettissement du service militaire.

Ils s'adonnent avec ardeur au métier de contrebandier, où ils déploient une ac-

tivité prodigieuse. Tout le monde s'en
mêle, et bien leur sert d'être agiles cou-
reurs; car ce métier se fait généralement à
coups de jarret, bien plus qu'à coups de
fusil. Quelquefois, il est vrai, quand ils se
trouvent surpris par les douaniers, force
est bien d'échanger quelques balles avec
eux; mais au total un contrebandier basque est loin d'être un brigand : c'est un
brave garçon, insouciant, ivrogne, joueur
et paresseux en toute chose, excepté
quand il s'agit de courir par monts et par
vaux dans les endroits les plus inaccessibles, ce qui est, pour tout Basque, un
plaisir plutôt qu'une fatigue.

Une autre passion qui domine chez eux,
c'est l'amour du jeu de paume ou de balle,
qu'ils appellent pelote, *pilota*, et il est vrai

de dire qu'ils y excellent : c'est l'occupation favorite de toute la population. Ce goût se manifeste dès l'enfance, et il serait aussi rare de trouver un petit garçon sans pelote [dans la poche de sa veste, qu'un normand sans pomme, ou un petit bambino italien sans chapelet. Dans la partie Basque espagnole, les femmes même s'adonnent à ce genre d'amusement [1].

Cette fureur de pelote, qui commence en bas âge et dure autant que les forces de

---

[1] « Les Guipuscoans aiment de préférence les » jeux qui exigent de l'adresse et de la vigueur. » La paume est un de leurs exercices favoris. » Les femmes y excellent et rivalisent à cet » égard avec les plus adroits. » *Itinéraire descriptif de l'Espagne* par M. le comte de Laborde; 5ᵉ édition, tome 1ᵉʳ, page **274.**

6.

l'homme, produit des joueurs d'une habileté remarquable. Chaque village a sa place pour jouer à la balle. Quelques-uns en possèdent de fort belles, et dans la Biscaye et le Guipuscoa, plusieurs de ces arènes sont entièrement dallées, pour que peu d'instans après la pluie on puisse se livrer à cet exercice. Souvent des rencontres sont ménagées entre les joueurs les plus forts, non-seulement des parties du Pays Basque français, mais encore entre ceux-ci et les Basques espagnols. On ne saurait croire avec quelle ardeur, avec quel vif intérêt ces graves négociations sont conduites. Ce sont des allées et des venues comme s'il s'agissait de composer un ministère ; et, aussitôt que les conventions sont arrêtées et le jour fixé, on forme, dans tout le pays des projets de voyage pour le lieu où se livrera le combat.

Lorsque je passai à St.-Jean-de-Luz, on y parlait encore d'une magnifique partie de paume qui avait eu lieu dans cette ville à la fête patronale (la St.-Jean), entre les joueurs les plus célèbres des deux nations, et parmi lesquels figurait l'organiste d'Iron, qui a un talent renommé. Il est probable qu'il sera long-temps question de cette belle partie où la France eut, m'a-t-on dit, la gloire de l'emporter sur l'Espagne.

Il s'établit ordinairement, dans ces sortes de luttes, des paris très-élevés, qui montent quelquefois jusqu'à 50,000 fr. Les Basques sont tellement passionnés pour ce jeu, qu'ils risquent souvent, dans ces paris, des sommes considérables relativement à leurs fortunes ; car, en général, il y peu de grandes fortunes dans le Pays Basque.

L'uniformité de costume est d'usage parmi les joueurs, quel que soit d'ailleurs leur état. Tous indistinctement ont un réseau ou mouchoir sur la tête, des gants élastiques d'une nouvelle invention, sans autre vêtement qu'un pantalon blanc, une chemise également d'une blancheur éblouissante, garnie d'un liseré à la mode du pays, et une ceinture rouge. Ainsi costumés, ils se présentent dans la lice, et nomment un *jury des jeux*, qui prononce en juge absolu et souverain. Une haie épaisse de spectateurs, dont un grand nombre sont souvent engagés dans les paris, entoure la place. Les murs des jardins, les croisées, les toits des maisons les plus hautes , les arbres qui avoisinent le lieu de la scène, sont couverts de curieux.

Enfin , quand le sort a tracé le but ou le rebut, *botia edo arafela*, la partie s'engage. Les champions luttent long-temps en vrais héros, agités par la crainte et l'espérance. Lorsque l'adresse, ou le hasard qui prend plus ou moins de part aux événemens de ce bas monde, a décidé la victoire, les per- dans, loin de se tenir pour battus, ne songent plus qu'à des revanches qui leur laissent l'espoir de réparer glorieusement leur défaite.

CHAPITRE III.

Bayonne. — Les Cacolets. — Les bains de Biarltz. — La Grotte d'Amour.

Bayonne était autrefois la capitale du pays de *Labour* qui s'étend le long de l'Océan jusqu'à la Bidassoa. Elle s'appelait primitivement *Lapurdum* ou *Lapurdi*. Son nom actuel est composé de deux mots basques, *baia ona*, qui signifient bonne baie ou bon port.

Cette ville, située sur deux rivières, l'Adour et la Nive, a quelque chose de gai et d'animé qui plaît au premier coup d'œil. L'Adour qui est tout près de son embouchure y est large et belle. Ce petit port, ce chantier de constructions navales, ces bâtimens qui sillonnent l'Adour dans tous les sens, ces hommes affairés qui vont et viennent, donnent à Bayonne un air de vie que n'ont pas certaines cités beaucoup plus vastes.

Malheureusement l'entrée de la rivière n'a pas assez de profondeur pour le passage de gros bâtimens, étant obstruée par les sables que la mer y pousse sans cesse.

Du temps du consulat et de l'empire on y avait exécuté des travaux d'un grand intérêt dans la vue de refouler les sables dans la mer en rétrécissant le lit de la rivière. Mais ils n'ont pas répondu à l'espoir qu'on avait conçu, et souvent, pour qu'un bâtiment d'une certaine dimension puisse entrer ou sortir, il faut attendre les rares époques des plus fortes marées.

Lorsque je me mis à parcourir la ville, j'eus comme un avant-goût de l'Espagne. Sur la porte de mon hôtel je vois : *Posada de san Esteban* [1] ; plus loin sur différentes boutiques je lis : *Maestro de obra prima* [2] ; *Los hijos de Josué Leon* [3] ; *A qui se corta*

---

[1] Hôtel Saint-Etienne.
[2] Maître cordonnier.
[3] Les fils de Josué Léon.

el pelo à la ultima moda[1]; et une infinité d'autres enseignes espagnoles[2]. En déjeunant j'avais vu entrer dans la salle un grand jeune homme vêtu d'une veste de velours vert à brandebourgs de soie, à peu près comme celle que porte Figaro au théâtre italien, demandant *agua caliente*[3], en se

---

[1] Ici on coupe les cheveux à la dernière mode.

[2] *Almacen*, qui veut dire magazin, se retrouve aussi sur beaucoup de boutiques. Aussi un Parisien qui avait passé la veille à l'hôtel, et qui appartenait sans doute à la grande famille des Brunet ou des Arnal, avait dit à table d'hôte, de la meilleure foi du monde : « Mais » cette famille *Almacen* est donc bien nom- » breuse. Elle a donc accaparé le commerce de » Bayonne. On voit son nom partout. » Vous jugez de la joie des convives.

[3] De l'eau chaude.

7

frottant le menton. Enfin on trouve à tout
un certain air d'étrangeté qui vous annonce que vous approchez de la frontière.

On m'assura qu'une des premières choses à faire pour un étranger arrivant à
Bayonne par un beau dimanche de juillet,
était d'aller voir Biaritz. Je me laissai persuader, et je n'eus qu'à m'en applaudir.
C'est une chose charmante qu' un voyage
à Biaritz dans cette saison. D'abord ne
vous imaginez pas qu'on y aille à pied, à
cheval ou en voiture ; c'est trop commun.
Les Bayonnais, blâsés du cacolet, emploient
bien un de ces moyens de transport, mais
le beau, l'idéal de la chose pour l'étranger, c'est d'y aller en cacolet. Vous igno-
rez peut-être ce que c'est qu'un cacolet.

C'est un double fauteuil, ou plutôt un double panier à dos garni de coussins, et placé sur un cheval; vous vous asseyez dans l'un, la cacoletière dans l'autre, et vous voyagez ainsi côte à côte de la manière la plus commode. Votre conductrice tient sa bride d'une main, son petit fouet de l'autre, ce qui ne l'empêche nullement de vous divertir de sa conversation si vous êtes disposé à causer; et l'étranger qui se promène en cacolet y est toujours disposé. A cet égard le hasard me servit assez bien. Je me rendis à la porte d'Espagne, suivant les indications que l'on m'avait données. Là se trouvent circulairement rangés vingt ou trente chevaux tout équipés, à peu près comme les ânes à Montmorency ou à la porte Maillot. Je vis venir à moi une cacoletière qui me fit ses offres de service.

J'entrai en négociation, et le marché fut bientôt conclu. J'appris plus tard qu'elle se nommait Catherine, et je vous la recommande si jamais vous allez à Bayonne.

Elle paraît 24 ou 25 ans, mais elle ne s'en donne modestement que 20. Une jolie taille, des yeux de même, des cheveux très noirs, un petit foulard arrangé avec toute la grâce bayonnaise, les pointes nouées sur les oreilles, et surmonté d'un chapeau d'homme en feutre gris, voilà Catherine, qui est sans contredit l'une des meilleures cacoletières de la ville. Elle est pure basquaise, de Guettary, à trois lieues de Bayonne, une lieue et demie de St-Jean de Luz, et d'après ses habitudes, elle ne doit avoir rien contracté de la corruption de la cité. Tous les matins, à la pointe du jour, elle quitte le toit paternel avec son fidèle compagnon *Glorieux*, vient s'installer à la porte d'Espagne, et là elle s'offre aux chalands, elle et son cheval, pour parcourir les environs. Chaque jour elle retourne à Guettary porter à ses parens le bénéfice de sa journée, se réservant seulement ce qu'elle appelle l'*étrenne*, pour subvenir aux exigences de son ajustement. Elle parle assez bien le français, elle a une conversation intarissable et enjouée qui fait passer le temps et abrège la route. Elle vous raconte ses voyages, car elle ne se borne pas toujours à faire de petites journées aux environs de Bayonne. Il est arrivé que des voyageurs l'ont engagée pour aller en Galice ou en Navarre, elle et son Glorieux. Elle les a bravement conduits partout, et vous jugez ce que ces excursions lointaines lui ont donné d'expérience

et d'intrépidité. Elle vous parcourt les Pyrénées de jour et de nuit, aussi tranquillement que nous revenons de Neuilly ou
de Vincennes. Elle n'est pas plus effrayée
des coups de feu des contrebandiers, que
nous ne le sommes des coups de pistolet
du tir de Lepage ou de Reinette.

Enfin je m'installe donc sur Glorieux, et
nous nous dirigeons vers Biaritz. On suit
la grande route d'Espagne jusqu'à Anglet,
petit village à une lieue de Bayonne. Là on
prend à droite dans une traverse toute sablonneuse; et après une demi-heure de
marche on découvre la mer et on arrive à
Biaritz.

Un voyageur en Suisse dit que Fri-
bourg semble bâtie sur des aiguilles de rocher. En petit on pourrait en dire autant

de Biaritz qui est d'un aspect tout à fait agréable et pittoresque. Une quantité de petites maisons blanches avec des volets verts, sont disséminées sur les rochers et les aspérités du sol. On monte, on descend, on paraît, on disparaît dans les nombreux sentiers qui serpentent autour de ces jolies petites habitations, si blanches et si propres.

Des points les plus élevés vous apercevez la mer à perte de vue, et à vos pieds plusieurs petites baies. Dans l'une, des pêcheurs et leurs familles nettoient et préparent des poissons; dans une autre on prend des bains. Là se mêlent et se confondent tous les talens en natation. Les plus habiles vont au loin et excitent leurs camarades. D'autres se tiennent prudem-

ment à peu de distance du bord , et prennent leurs ébats dans une mer de quatre
ou cinq pieds de profondeur ; et ce sont
des jeux , des rires , des éclats de voix qui
s'entendent au loin et se répètent le long
du rivage.

Un spectacle tout à fait curieux est celui que forme la marée montante dans
un nombre infini de rochers dissémi-
nés çà et là sur les bords , et que la
basse mer laisse à nu. Les flots viennent s'y briser avec mille voix retentis-
santes, et mille bruits divers. Quelques-
uns de ces rochers ont été percés à jour
par le choc répété des vagues, en sorte
qu'elles se précipitent au travers avec des
mugissemens de bêtes féroces, et font en
s'élançant dans l'air mille jets d'eau d'une

écume blanche, puis retombent en cascades en se retirant.

O bons Parisiens qui courez en foule à Versailles pour voir *jouer les eaux*, qui vous extasiez devant les *cent tuyaux* ou les *bains d'Apollon*, que ne pouvez-vous, comme moi, me disais-je, jouir de cet admirable coup-d'œil! Que les travaux de Louis XIV vous paraîtraient petits auprès de ceux de la nature! On demandait un jour à Mlle. Scudéry : « Ne trouvez-vous » pas que Versailles est un séjour en- » chanté? — Oui, répondit-elle, pourvu » que l'enchanteur y soit. » Ici, l'enchanteur y est toujours : jamais les eaux ne cessent de jouer.

Après les rochers et les bains de Biaritz, j'avais encore à voir la *Chambre* ou *Grotte d'Amour.* C'est une grotte située au bord de la mer, dans un enfoncement de rochers à quelque distance de ce village. On donne à cette dénomination de *Grotte d'Amour*, l'origine suivante :

Deux amans, qui étaient contrariés dans leurs projets d'union, s'y donnaient de fréquens rendez-vous, et là, à l'ombre du mystère, se juraient de s'aimer éternellement. Un jour qu'ils s'étaient endormis dans les douceurs du tête à tête, une marée d'une hauteur prodigieuse et inaccoutumée vint les surprendre. Ils luttèrent en vain contre les flots, et, le lendemain, on les trouva morts sur la plage, entrelacés dans les bras l'un de l'autre. Quoi qu'il en soit de l'authenticité de cette histoire, toujours est-il que la *Grotte d'Amour,* quoique beaucoup moins digne d'attention que Biaritz, figure au nombre des curiosités de l'endroit. Je résolus donc de ne pas partir sans lui avoir payé mon tribut.

J'avais laissé Catherine à l'entrée du village. Je fus la rejoindre, et nous remontâmes en cacolet pour entreprendre le pélerinage de la *Grotte d'Amour*. Laissant Biaritz derrière nous, et remontant du côté du nord, nous suivîmes, pendant près d'une heure, des sentiers à peine frayés dans le sable, où Glorieux enfonçait jusqu'aux genoux, à son grand mécontentement.

A un certain endroit, le trajet devient périlleux. A droite, un rocher; à gauche, un trou de trente pieds de profondeur, et entre deux, un petit chemin rocailleux

d'un, pied de large. Tout cela n'était pas
très-engageant. J'avais une puissante vel-
léité de descendre de cacolet; mais Catherine paraissait si rassurée, si confiante
dans les bons pieds de sa monture, que
j'aurais cru lui faire injure en montrant seulement de l'inquiétude. Toutes mes craintes
se résumèrent dans cette phrase pronon-
cée d'un ton léger : « Eh ! mais voilà un
» chemin qui ne me paraît pas excessive-
» ment large. —Oh ? ce n'est rien, me dit
» Catherine. Est-ce que vous avez peur ?
» — Moi ! du tout. »

Nous franchîmes donc l'abîme sans acci-
dent, mais non, de ma part, sans un certain
battement de cœur, que la chance possible
de rouler dans le précipice avec Glorieux et
Catherine, motivait, je crois, suffisamment.

Après avoir laissé à gauche un très-beau phare de construction récente, auquel même on travaillait encore, nous arrivâmes à un misérable petit hameau nommé Bourdeille. Là, trois ou quatre petits polissons prenaient leurs ébats. Catherine en appelle un, et lui dit de me conduire à la *Grotte d'Amour*.

Me voilà donc suivant mon guide, chevauchant dans le sable comme tout à l'heure Glorieux, et, comme lui, y entrant jusqu'aux genoux. Enfin, nous arrivons devant un immense rocher, au bas duquel j'aperçois une ouverture d'un pied de hauteur sur trente ou quarante de longueur. Mon guide s'arrête et me montre du doigt cette ouverture. « Eh bien! lui dis-je, en » regardant de tous côtés, où est donc la

» *Grotte d'Amour ?* — La voilà. — Com-
» ment, la voilà, on n'y entre donc pas,
» dans cette grotte? — Si fait, Monsieur,
» on y entre. — Mais comment? — En
» se couchant à plat ventre, et descen-
» dant à reculons sur le sable. Oh! une
» fois que vous y serez, vous pourrez vous
» tenir debout, vous serez fort à votre
» aise. . De temps en temps, on déblaie
» l'entrée pour la facilité des voyageurs ;
» mais la mer y ramène toujours une quan-
» tité de sable, et, au bout de peu de
» temps, c'est comme vous voyez »

En effet, la mer s'avançait à cent pas de
nous terrible et furibonde; je ne vous mens
pas : c'était justement une marée de pleine
lune, le dimanche 20 juillet; voyez l'alma-
nach. Je pensais au sort des deux victi-

mes de l'amour, dont je viens de raconter la déplorable histoire. N'étant pas le moins du monde amoureux de mon guide, je n'avais nulle envie qu'on nous retrouvât morts le lendemain, enlacés, comme nos amans, dans les bras l'un de l'autre. Je désirais cependant ne pas m'en aller sans voir la grotte, étant venu de si loin. Je fis part de ma perplexité à mon petit cicerone. « Oh! Monsieur, soyez tran-
» quille. La mer ne vient jamais jusqu'à
» la grotte : elle reste à plus de cinquante
» pas, même dans les plus fortes ma-
» rées comme celle-ci. — Mais tu viens
» de me dire que la mer y ramenait tou-
» jours des sables qui en bouchent l'en-
» trée. — La mer les amène sur la
» plage, mais c'est le vent qui les porte
» jusqu'ici. »

Je fus un peu tranquillisé par cette explication. Je pensais bien d'ailleurs que mon petit drôle, quelque mal partagé qu'il fût dans la répartition tant soit peu inégale des biens de ce monde, n'était pas atteint de la monomanie du suicide, et n'avait pas plus envie que moi d'être englouti par la marée montante. Je pris donc mon parti, et me décidai à pénétrer dans la grotte.

Ce que c'est que les voyages et la curiosité! Figurez-vous un parisien qui s'est toiletté avec un soin tout particulier, pour prouver aux Bayonnaises, ce qu'elles savaient sans doute déjà, qu'à Paris on se met mieux que dans la métropole du *Labour*; pantalon blanc, gilet de piqué, cravate à petits carreaux, nouée à l'Anglaise; dire que,

dans deux minutes, tout cela va être pollué, chiffonné, sali dans le sable tout imprégné de l'humidité de la grotte. Figurez-vous ce parisien manœuvrant sous les
ordres d'un petit basque de dix ans, qui
n'a rien à risquer, lui, avec sa chemise
déchirée, et son pantalon de toile pour
tout vêtement. « Allons, Monsieur, met
» tez-vous à plat ventre, tout de votre
» long, les pieds vers la grotte, et rampez,
» comme moi, à reculons; et surtout ne
» levez pas la tête, car vous la casseriez
» contre le rocher. »

Je m'exécutai de bonne grâce, après
m'être bien assuré que la plage était déserte, et que personne ne pouvait me voir
faire ma génuflexion. Nous descendîmes
ainsi d'une douzaine de pieds en nous dé

battant dans ce sable, après quoi nous pûmes mettre pied à terre et nous tenir debout.

Je m'aperçus alors que nous avions fait une grande faute : nous avions oublié de nous munir de lumière pour pouvoir mieux explorer les divers renfoncemens de la grotte. La lueur qui venait de l'entrée n'y jettait qu'un demi-jour, à l'aide duquel on ne distinguait les objets que très-confusément.

Du reste, cette grotte n'a rien de bien extraordinaire que de s'appeler *Grotte d'Amour*. Dans plusieurs recoins obscurs, et vers lesquels je n'avançais qu'avec précaution, n'ayant pas même un bâton pour sonder le terrain, nous entendions comme le bruit que feraient de petites flaques d'eau, en frappant contre les parois du rocher. Je suppose que ce sont des cavités qui communiquent à la mer, et où l'eau suit les oscillations de la marée. Je laisse d'ailleurs aux savans à décider si cette explication est raisonnable (d).

Après avoir erré quelque temps à tâtons dans cette caverne qui m'a paru avoir, dans une forme à peu près circulaire, cinquante à soixante pieds de diamètre, sur douze ou quinze pieds de hauteur, comme il était bien avéré que j'avais *vu* la Grotte d'amour, je pensai à la retraite. Nous sortîmes aussi agréablement que nous étions entrés; et, lorsque nous fûmes au grand jour, j'acquis la triste certitude qu'il me fallait retourner, avant tout, à l'hôtel St-Etienne, pour réparer les souillures que ce voyage

souterrain avait imprimées à ma toilette.
Je retrouvai Catherine qui m'attendait pa-
tiemment en faction, et qui se prit à rire
d'un rire fou, en me voyant ainsi en piteux
état. Quoique je fusse d'assez mauvaise
humeur, l'idée ne me vint pas de m'en fâ-
cher. Elle est de ces femmes qui font les
choses de si bonne grâce, qu'on leur par-
donne tout.

Je remontai à côté d'elle : mes excursions étaient finies pour ce jour-là. Une
heure après, nous rentrions à Bayonne par
la porte d'Espagne, où je me séparai d'elle
et de son Glorieux, probablement pour ne
les revoir jamais.

Le soir, à la promenade du Glacis, je
trouvai réunies toutes les beautés de la ville,
et ne fus pas peu surpris d'en voir une

grande quantité coiffées en cheveux, suivant l'usage du pays. Il me semblait que c'étaient des gens qui faisaient un tour avant d'aller au bal ; et, en effet, c'étaient bien des figures de bal que toutes ces jeunes filles aux beaux yeux, aux cheveux noirs, au teint un peu brun, sans doute, mais vif et coloré ; à l'air gai et riant. Un bal doit être charmant à Bayonne.

Le lendemain, à la pointe du jour, je fus voir, de l'autre côté de l'Adour, la citadelle. C'est un ouvrage de Vauban, ce qui dit assez que c'est un bel ouvrage. J'examinai les bastions et les demi-lunes en badaud de Paris qui n'y connaît rien, et j'eus bientôt fait. Mais ce que je ne pouvais me lasser d'admirer, c'est le délicieux paysage que l'on découvre du haut de cette forteresse, et qui était alors inondé de la pure et brillante lumière du soleil levant. La magnificence du tableau a tenté le génie de Vernet, qui en a fait le sujet d'une de ses plus belles marines.

CHAPITRE IV.

Saint-Jean-de-Luz. —L'Eglise de Siboure. —Le Château
d'Urtubi.

JE n'étais encore qu'à l'entrée du Pays Basque, et mon projet n'était pas d'en rester là. Le lundi 21 juillet, à neuf heures du matin, je montais dans un cabriolet en

assez mauvais état , que j'avais loué pour
mon excursion à la frontière, faute d'en
avoir pu trouver un meilleur dans tout
Bayonne. Hâtons-nous cependant de dire,
pour l'honneur de la ville, qu'il y en a bien
cinq ou six au moins assez présentables ,
mais ils étaient déjà tous en campagne ;
force me fut donc de m'arranger d'un
brancard raccommodé avec des cordes, ou
bien d'attendre au lendemain. Je pris le
premier parti , et je montai bravement en
voiture , après que la femme du cocher eut
cousu, tant bien que mal, un morceau de
toile à la place d'une des glaces qui était
cassée ; mesure de sûreté commandée par
la circonstance , attendu que le vent souf-
flait très-fort.

« Où allons-nous ? me dit mon homme

quand nous fûmes bien installés. — A
Saint-Jean-de-Luz. » Et nous sortîmes
par la porte d'Espagne.

Nous nous trouvâmes bientôt dans un
pays assez désert et un peu sauvage. Ce
n'était plus cette campagne riante et gracieuse qui charme l'œil du voyageur depuis Pau jusqu'à Bayonne. La perspective
est encore assez imposante, mais le caractère de la scène et les détails du tableau ne
sont plus les mêmes. A peu de distance de
Bayonne on commence à voir la mer, et la
route ne s'en éloigne guère jusqu'à Saint-
Jean-de-Luz, où nous arrivâmes après trois
heures de marche. Nous avions traversé
les villages de Bidart et de Guettary qui
ne nous avaient offert rien de remarquable. Entre la mer et la route, à un en-

droit où celle-ci domine un petit vallon d'un aspect assez triste, on aperçoit un lac, et au bord une misérable chaumière. Du reste tout autour aucune trace d'habitation.

Mon conducteur me raconta qu'autrefois, il y a bien long-temps, bien longtemps, le bon Dieu se promenant dans le pays sous la figure d'un simple cultivateur, vint demander à se rafraîchir dans cette chaumière. On le refusa inhumainement. Alors Dieu annonça à cette famille inhospitalière qu'elle avait mérité d'être punie, et que son champ allait être transformé en un lac, ce qui eut lieu à l'instant même. Depuis ce temps la chaumière est inhabitée ; « ceci prouve bien, ajouta très- » judicieusement le narrateur, qu'il ne faut

» jamais refuser un service, parce que
» souvent on ne sait pas à qui on re-
» fuse. »

A Saint-Jean-de-Luz il fallut s'arrêter,
d'abord parce que c'était Saint-Jean-de-
Luz, ensuite pour laisser reposer notre
cheval qui devait nous conduire dans la
journée à Béhobie, sur la Bidassoa. Ainsi
j'avais devant moi deux grandes heures,
ce qui est trois fois plus qu'il n'en faut
pour voir la ville en détail.

Saint-Jean-de-Luz dont le port est aujourd'hui à peu près abandonné, n'a pas
toujours été sans gloire. C'est dans son
sein, et à une époque extrêmement recu-
lée que se formèrent ces intrépides marins
qui allèrent les premiers à la recherche de
la baleine, non-seulement sur les côtes

d'Espagne et de Gascogne où l'on en trouvait alors, mais dans les parages les plus éloignés [1]. Les premiers ils reconnurent le banc de Terre-Neuve, et en montrèrent la route aux navigateurs des autres contrées. Le petit fort de Socoa, placé sur la gauche, sert à protéger les vais-

---

[1] « Si les Norwégiens furent les premiers pêcheurs baleiniers du nord de l'Europe, les Basques le furent de l'ouest ; ceux-ci étaient dans l'usage de donner à l'église, par dévotion, les langues des baleines et des baleinaux, comme étant la partie la plus délicate. Ces offrandes étaient volontaires ; plus tard elles furent converties en dîmes. Parmi les pêcheurs Basques on distinguait particulièrement ceux du cap Breton, de Biaritz, de Guettary, de Saint-Jean-de-Luz, etc. »

Histoire générale des pêches, par Noël. 1815. Tome 1er, page 229.

seaux qui peuvent venir de temps à autre y relâcher. Mais au total ce port n'est plus guère fréquenté que par des barques de pêcheurs. Il s'y est formé dans ces derniers temps quelques établissemens pour la préparation des salaisons de thon et d'anchois. Ce genre d'industrie fait vivre une grande partie des habitans.

Saint-Jean-de-Luz est séparé en deux parties par un petit bras de mer, ou chenal, qui va communiquer à une rivière assez poissonneuse nommée la Nivelle. Ce chenal, divisé en deux bras, y forme une petite île où était anciennement un couvent de Récolets, et où se trouve maintenant le bureau de la douane.

La partie de la ville qui se trouve de l'autre côté du chenal, et qui n'est réel-

lement qu'un faubourg de Saint-Jean-de-Luz, se nomme Siboure. Elle a un aspect tout à fait misérable. On y arrive par deux ponts de bois appuyés sur la petite île dont je viens de parler. Le clocher de l'église de Siboure a quelque chose des constructions chinoises, et de loin on pourrait le prendre pour une pagode, si ce n'était la petite croix de fer qui le surmonte. Attiré par cette singularité j'y entrai pour la visiter. Un jeune prêtre faisait le catéchisme. Je m'arrêtai quelque temps à l'écouter. Là j'eus pour la première fois la satisfaction, après laquelle j'aspirais, d'entendre parler le basque posément et avec pureté. J'eus d'ailleurs le plaisir non moins grand de n'y pas comprendre un seul mot, à l'exception du mot de sacrement (sàcramèn), qui revenait assez souvent. Au reste, je ne pus y faire une longue séance. Tous ces petits garçons et petites filles étaient fort préoccupés de l'apparition d'un étranger, ce qui est un rare événement dans l'église de Siboure. La curiosité faisait retourner toutes ces petites têtes, et le curé lui-même paraissait fort intrigué de voir ainsi tout son auditoire en déroute. Je compris que je lui rendrais un immense service en éva-cuant la place, et je m'empressai de le faire, bien assuré d'ailleurs de n'avoir trouvé, dans tout ce que je venais d'entendre, qu'un seul mot de connaissance.

L'église est fort nue ainsi que celle de Saint-Jean-de-Luz, et n'annonce en rien les églises d'Espagne où l'on ne voit que des chapelles à boiseries dorées, ornées de saints et de saintes. On habille tous ces

saints le mieux qu'on peut, en étoffes plus
ou moins riches , suivant les moyens de la
paroisse. Mais là où il n'y a pas de luxe
de toilette, il y a au moins la prétention, qui
se manifeste par un certain arrangement
bizarre de vieilles étoffes , de faux colliers,
de faux bijoux, de plumes et de fleurs
fanées, etc.

———

En voyant cette misérable petite ville de
Saint-Jean-de-Luz, aujourd'hui silencieuse
et triste, mes souvenirs historiques me
revinrent à l'esprit. Je la comparais avec
ce qu'elle devait être il y a cent soixante
et quatorze ans , au mois de mai 1660 ,
que toute la cour de France s'y trouvait
pour le mariage de Louis XIV avec l'infante d'Espagne. C'est à Siboure que lo-

geait Mazarin, *avec beaucoup de gens de la
cour,* disent les mémoires du temps. C'est
à Saint-Jean-de-Luz que logeaient Anne
d'Autriche et Louis XIV. Tout cela alors
était brillant, plein de vie, d'élégance et de
joie. Toutes les grandes et riches dames,
tous ces beaux seigneurs, et puis les pages,
les estaffiers, les valets, brodés, dorés,
chamarrés, etc., et les beaux carrosses
royaux, et puis les fêtes, les spectacles !...

« Nous avions à Saint-Jean-de-Luz, dit
» mademoiselle de Montpensier, des comé-
» diens espagnols. La reine allait les voir
» tous les jours; ils dansaient et chan-
» taient entre les actes et s'habillaient en
» ermites et en religieux, faisaient des
» enterremens et des mariages, profa-
» naient beaucoup les mystères de la reli-

» gion : aussi bien des gens en furent scan-
» dalisés..... Beaucoup d'Espagnols ve-
» naient à Saint-Jean-de-Luz pour voir la
» cour. Les Français de leur côté allaient à
» Saint-Sébastien pour voir celle d'Espa-
» gne , etc. »

Après avoir parcouru Siboure et Saint-Jean-de-Luz en long et en large, avoir dîné pour passer le temps, je fis réveiller mon cocher qui ne se doutait pas que les deux heures que je lui avais concédées étaient écoulées. On remit donc le cheval au brancard orné de vieilles cordes dont les badauds de l'endroit avaient bien envie de se moquer, ainsi que de la petite portière en toile; mais ils n'osèrent, pensant peut-être que j'étais quelque percepteur nouvellement nommé , ou quelque employé de la sous-préfecture en tournée. Grâce à cette incertitude, nous reprîmes la route d'Espagne avec autant de dignité qu'aurait pu le faire un diplomate chargé de dépêches pour la cour de Madrid.

Après St-Jean-de-Luz le pays devient de plus en plus montueux et sauvage. Un village assez pittoresque, nommé Orogne, fait un peu diversion à cette vaste solitude. Sur la droite, à un quart de lieue de ce village, nous passâmes près d'une habitation assez remarquable. C'est le château d'Urtubi ; ce noble manoir, qui appartient aujourd'hui à M. Larralde Diusteguy, est très antique, et l'on ne connaît pas bien son origine. Il paraît toutefois certain qu'il date du quatorzième siècle, et que son premier propriétaire connu était un descendant des ducs de Grenade. Il est flanqué de cinq tourelles, et il était entouré de fossés que l'on remplissait à volonté. Le propriétaire actuel les fait combler, et lors de mon passage il y avait encore des ouvriers occupés à ce travail.

Les seigneurs d'Urtubi avaient autrefois la dîme de la paroisse d'Orogne, et la nomination du curé, ainsi que de ceux de Siboure et d'Hendaye qui en dépendaient alors.

Par ordonnance du roi, du 17 octobre 1511, Louis d'Urtubi, Ecuyer, seigneur dudit lieu, obtint l'office de bailli du Labour.

En 1643 eurent lieu des querelles furieuses entre deux partis déclarés, au sujet de cette même charge de bailli. La pluralité des suffrages des paroisses du pays de Labour devait en déterminer le choix. La concurrence existait entre les sieurs d'Urtubi et de St-Pée. Ceux qui tenaient pour le premier étaient distingués par la dénomination de *Sabel souri*, ventre blanc; et ceux qui étaient pour le second, sous celle de *Sabel gorri*, ventre rouge. Ainsi voilà en petit, dans notre histoire, la lutte acharnée des roses rouge et blanche de Lancastre et d'Yorck. Seulement, au lieu de la couronne d'Angleterre, il ne s'agissait que d'une perruque de bailli.

Les désordres et les meurtres ne manquèrent pas dans cet épisode sanglant des annales du Pays Basque. Enfin le ventre blanc l'emporta, et d'Urtubi fut proclamé, à la grande confusion des tenans du sieur de Saint-Pée.

Le château d'Urtubi a un très beau jardin, divisé en parterre, potager et fruitier, avec une orangerie et un bois de haute futaie pour la promenade, attenant au château; et ce qu'il y a de très-joli pour le propriétaire, c'est que le domaine se compose de douze bonnes métairies, quatre moulins, une tuilerie, et un bois taillis de cinq cents arpens.

Ce château a servi de titre, je ne sais trop pourquoi, à un opéra-comique dont l'action très-simple pouvait se passer aussi bien partout ailleurs. On y trouve le duo suivant dans lequel Ponchard chantait très bien, et où les beautés du pays sont énumérées en style descriptif d'opéra-comique:

Montagnes de Navarre,
A nos regards surpris,

Que votre aspect répare
L'absence de Paris.
  Cimes sauvages,
  Pics sourcilleux,
  Sur vos nuages
  Chargés d'orages
Je marcherai comme les Dieux.
  — Cascades murmurantes
Vos ondes bondissantes,
Semblent tomber des cieux.
  — Quel admirable paysage !
Ce séduisant panorama
Est bien digne de ton hommage.
  — Mais mon ami, malgré cela,
C'est bien moins beau qu'à l'Opéra.
    — Sur la fougère,
  Dès le matin
  Gente bergère,
  Vive et légère,
Danse au bruit du tambourin....
  Pâtre de la montagne
  La presse, l'accompagne,
  Castagnettes en main.
— Ici respire l'innocence;
L'amour chez ces braves gens-là
Augmente par la résistance.
  — J'aime bien mieux malgré cela
  L'innocence de l'Opéra.
Montagnes de Navarre, etc.

Moi je reprends la description en style

positif de voyageur véridique écrivant son journal. Quelques champs de maïs, quelques prairies, des coteaux incultes couronnés de rochers arides, quelques bergers qu'on apercevait au loin avec leurs troupeaux, des habitations très clairsemées ; tel était le pays que nous traversions. Tout d'un coup, arrivés au sommet d'une côte assez longue, à un détour que fait la route, j'aperçois devant moi un paysage d'un aspect tout-à-fait différent.

Une large rivière parsemée de plusieurs petites îles ; tout en bas de la côte tournoyante au sommet de laquelle nous étions, un petit village dont les maisons paraissaient neuves ; de l'autre côté une petite ville dont les toits reflétaient les rayons du soleil qui commençait à baisser ;

à gauche un ermitage, à droite un couvent et une chapelle.... C'était la Bidassoa,
c'était Iron, c'était l'Espagne enfin que
nous apercevions.

« Nous voici arrivés à la couchée », me
dit mon conducteur, qui dans tout cela ne
voyait que le bonheur de se reposer, de
souper et de fumer sa pipe en liberté, car
je l'avais sans pitié sevré de cette jouis-
sance pendant le voyage. « Vous distin-
» guez ces maisons blanches, là bas, au
» bord de l'eau, c'est Béhobie. Nous n'a-
» vons plus qu'à descendre au grand trot ;
» la route est superbe, dans dix minutes
» nous y serons ».

En effet dix minutes après nous faisions
notre entrée à Béhobie. Ce n'est pas tout-
à-fait un village, c'est un hameau dépen-

dant de la commune d'Hendaye ; mais c'est fort propre et fort gentil. C'est un groupe de sept à huit maisons assez bien construites et qui occupent la tête du pont communiquant avec l'Espagne.

Tout est relatif; moi, modeste voyageur, je n'avais pas de grandes prétentions, et pour le moment, je fus aussi enchanté de voir la Bidassoa que le fut, sans doute, M. de Châteaubriand quand il aperçut le Jourdain.

CHAPITRE V.

Béhobie. — L'Ile des Faisans. — Navigation sur la
Bidassoa. — Les Capucins au conseil de guerre.

Arrivé à Béhobie, une grande question
se présentait. Obtiendrai-je la permission
d'entrer en Espagne? elle m'était indispensable. A la rigueur, j'aurais pu m'embar-

quer furtivement sur quelque petit bateau,
tromper la surveillance des douaniers, et
aller débarquer à l'autre rive. Mais si je m'a-
venturais dans le pays sans être muni d'un
permis des autorités françaises, j'étais à
peu près assuré d'être appréhendé au corps
par les gendarmes de la reine, ou par ceux
de don Carlos, et j'étais très-peu soucieux
de faire des promenades forcées soit avec
les uns, soit avec les autres. A Bayonne, je
l'avais demandée, cette permission, mais les
employés de la sous-préfecture (M. le sous-
préfet absent), m'avaient apparemment
soupçonné *in petto* d'avoir des intentions
hostiles; ils m'avaient refusé impitoyable-
ment, se rejetant sur les précautions impo-
sées *par les circonstances*, et avaient inscrit
sur mon passeport ces mots désespérans :
visé jusqu'à Béhobie.

C'était presque le *lasciate ogni speranza* du Dante. Cependant je conservais encore quelque espoir de trouver M. le délégué de la police de Béhobie moins inexorable. Je me rendis immédiatement par-devant lui. Le moment était critique. Entrerai-je en Espagne, ou m'en retournerai-je comme je suis venu? Grande perplexité!

Il paraît que M. le délégué est meilleur physionomiste que la sous-préfecture de Bayonne. Il comprit tout de suite que je n'avais nulle envie d'aller porter secours de ma personne au Prétendant, mais que j'étais tout simplement un promeneur parisien, un de ces voyageurs que Sterne classe dans la catégorie des *voyageurs oisifs et curieux*, qui avait le désir d'aller voir quelle figure avaient les gens de l'au-

tre côté de l'eau. Il y mit toute la complaisance possible. En cinq minutes j'eus
mon permis dûment scellé et paraphé. Il
poussa même l'obligeance jusqu'à m'enga-
ger à ne pas coucher à Fontarabie. « Les
» troupes carlistes, me dit-il, battent la
» campagne. Il pourrait leur prendre fan-
» taisie de tenter un coup de main pendant
» la nuit sur cette ville, qui est tout ou-
» verte, et vous vous trouveriez compromis
» dans la bagarre. »

Je le remerciai de l'avis, en l'assurant
que j'en ferais mon profit.

Je n'avais pas de temps à perdre. La
quinzaine que je devais consacrer à mon
excursion était presque écoulée. C'était le
dixième jour depuis mon départ de Toulouse. Je me décidai à aller seulement voir

Fontarabie le soir même ; à visiter Iron le lendemain matin, et à repartir sans retard pour Bayonne.

En revenant du bureau de police, je trouvai à la porte de l'hôtel *des deux Nations*, où j'étais descendu, un petit garçon d'une quinzaine d'années qui s'offrit à me servir de guide et d'interprète. L'offre m'était trop agréable pour ne pas être acceptée avec empressement. Il me proposa d'aller à Fontarabie par eau. Pour y aller par terre, il eût fallu passer le pont de Béhobie, et faire une lieue à pied sur la rive gauche de la rivière, par des chemins peu faciles. « J'ai là, près d'ici, » me dit le petit garçon, « un pêcheur d'Hendaye, qui » est de mes amis, et qui vous conduira » volontiers à Fontarabie dans sa barque. »

Tout m'arrivait à souhait. Une promenade en bateau sur la Bidassoa me souriait infiniment : c'était deux plaisirs au lieu d'un. « Va, lui dis-je, pour la barque de ton ami » le pêcheur. Partons. »

Nous traversons quelques champs de maïs. Mon guide, les jambes nues, n'ayant aux pieds que ses *spardilles*, courait et sautillait comme un vrai petit Basque ; j'avais peine à le suivre. Enfin nous arrivons au bateau. Le petit bonhomme explique l'affaire au batelier, qui ne se fait pas prier, et nous quittons le bord. « Combien » nous faut-il de temps pour aller à Fon-» tarabie?—Mais, trois quarts d'heure en-» viron ; la marée redescend, nous irons » bien. Seulement il faut que j'aille d'a-» bord à cette île que vous voyez à peu de

» distance, chercher des fourrages que je
» dois rapporter ce soir à Hendaye; mais
» cela ne nous retardera pas beaucoup. »

Hendaye est le dernier village français sur cette frontière. Il est situé sur la rive droite de la Bidassoa, dans l'angle qu'elle forme avec la mer, et tout-à-fait en face de Fontarabie, qui est à l'angle opposé. Vous savez qu'Hendaye doit une assez grande célébrité à ses eaux-de-vie. Qui n'a pas bu de l'eau-de-vie d'Hendaye? Il y a bien long-temps qu'on n'en fait plus dans ce malheureux village, mais enfin la célébrité lui reste.

« Le 23 avril 1793, l'Espagne étant en guerre avec la Convention, un détachement de l'armée française, dite des Pyrénées-Occidentales, était campé près d'Hendaye. Don Caro, général en chef de l'armée espagnole, fit bombarder ce village à l'improviste. Une grêle de boulets, de bombes et d'obus assaillit à la fois le camp des Français, le fort, le village et la redoute construite sur une élévation appelée alors *Montagne de Louis XIV*. Cette explosion soudaine jeta le désordre parmi les Français, et leur consternation fut au comble en voyant les habitans d'Hendaye fuyant éplorés, avec leurs femmes et leurs enfans, les terribles projectiles qui détruisaient leurs maisons. Les Espagnols, pour tirer un succès plus complet de ce désordre, franchissent la rivière, s'emparent de la montagne de Louis XIV, et détruisent la redoute. Bientôt, il est vrai, les Français, sous les ordres du général Regnier, se rallient, se précipitent avec fureur sur l'ennemi et le forcent de repasser la Bidassoa, etc., etc. (*Victoires et conquêtes des Français, etc.*)

L'année suivante, les Français prirent bien leur revanche sur Fontarabie; mais n'anticipons pas sur ma narration.

Je dis à mes deux compagnons de voyage que je ne serais pas fâché de voir Hendaye. Alors il fut convenu que mon batelier, après m'avoir débarqué à Fontarabie, m'attendrait au pied des murs de la ville; que ma visite faite, je viendrais le reprendre, et que, traversant de nouveau la Bidassoa en ligne droite, j'irais aborder à Hendaye, d'où une demi-heure de promenade me ramènerait à Béhobie. Mais il fallait avant tout aller chercher nos fourrages dans l'île, autrement les vaches du pêcheur auraient pu mourir de faim. Mon batelier était un garçon de vingt-cinq ans environ, de taille moyenne et de robuste encolure. Pour tout vêtement sa chemise, et un pantalon de toile bleue qui, relevé jusqu'aux genoux, laissait voir deux jambes nerveuses. Il faisait avancer sa barque avec une vigueur étonnante. En peu d'instans nous arrivâmes à l'île qu'il m'avait désignée. Il ne pouvait pas débarquer, attendu qu'il n'y avait rien là pour attacher son bateau que le courant et la marée tourmentaient singulièrement. Tout ce qu'il pouvait faire, aidé de mon guide, était de le maintenir le plus près possible de la terre. Il appela d'une voix de stentor, et nous vîmes bientôt arriver trois paysannes, jambes et pieds nus, portant lestement sur leur tête d'énormes bottes d'herbe fraîchement coupée et de tiges de maïs [1]. La plus jeune avait de très beaux-yeux et une taille d'une élégance remarquable. Elles parurent fort surprises à la vue d'un étranger. Elles vinrent porter leurs fourrages au batelier en se mettant dans l'eau jusqu'aux genoux; la jeune fille échangea avec lui quelques mots basques d'un ton d'intimité, probablement pour lui demander ce que c'était que ce monsieur, et nous prîmes le large.

Or maintenant savez-vous quelle était cette île que nous venions dequitter ? Rien moins que l'île *des Faisans* où se tenaient, en **1660**, les conférences entre la France

[1] Lorsque le maïs est près d'arriver à maturité on en coupe les têtes d'environ un ou deux pieds de long au dessus des épis. C'est un excellent fourrage pour les bœufs.

et l'Espagne, (ou plutôt entre Don Louis de Haro et Mazarin, car, suivant l'usage d'alors, les deux pays n'étaient pas consultés) pour la paix et le mariage de Louis XIV.

Dans ce lieu aujourd'hui si sauvage, si désert, où l'on ne voit que de l'herbe et quelques paysannes qui viennent la couper, étaient à cette époque de brillans pavillons où l'or et la soie éclataient de toutes parts, où se rendaient en foule ce que les deux royaumes renfermaient de plus élégant et de plus distingué. Ecoutons encore ici, un instant, mademoiselle de Montpensier qui eut la curiosité d'aller voir toutes ces belles choses et qui raconte fidèlement ce qu'elle a vu.

« Monsieur eut envie d'aller au lieu où

» se tenaient les conférences. J'eus la même
» curiosité et j'y allai avec lui. C'était à
» deux lieues de St-Jean de Luz, en un lieu
» qu'on appelle île du Faisan. L'on passait
» un pont qui était comme une galerie,
» qu'on avait tapissé. Il y avait au bout un
» salon qui avait une porte qui donnait
» sur un pareil pont bâti du côté de l'Es-
» pagne, de même que le nôtre du côté de
» la France. Il y avait une grande fenêtre,
» qui donnait sur la rivière, du côté de
» Fontarabie qui était l'endroit par où on
» venait d'Espagne ; ils y arrivaient par
» eau. Puis il y avait deux portes, l'une
» du côté de la France et l'autre du côté
» de l'Espagne, pour entrer dans deux
» chambres magnifiquement meublées
» avec de très belles tapisseries. Il y avait
» d'autres petites chambres, tout autour,

» avec des cabinets, et la salle de l'assem-
» blée était au milieu à l'autre bout de l'île.
» Elle me parut fort grande. Il n'y avait
» de fenêtre qu'à l'endroit qui avait la vue
» sur la rivière, où l'on mettait deux sen-
» tinelles lorsque les rois y étaient. Le
» corps de garde se tenait hors de l'île.
» Les gardes étaient dans deux salles au-
» près du vestibule. Chaque chambre n'a-
» vait qu'une porte, à la réserve de la salle
» de la conférence qui en avait deux, vis-
» à-vis l'une de l'autre, et qui était, comme
» j'ai déjà dit, fort grande. La tapisserie
» du côté de l'Espagne était admirable et
» du nôtre aussi. Les Espagnols avaient
» par terre, de leur côté, des tapis de
» Perse à fond d'or et d'argent qui étaient
» merveilleusement beaux. Les nôtres
» étaient d'un velours cramoisi, chamar-

» rés d'un gros galon d'or et d'argent. Il
» me semble que les serrures étaient d'or,
» et, si je ne me trompe, il y avait deux
» horloges sur chaque table. Tout y était
» égal et bien mesuré. Lorsque nous fû-
» mes de retour, nous contâmes à la reine
» comme tout cela était fait. » etc. [1]

Toutes ces magnificences ont disparu.
Le silence, la solitude, l'aspect d'une nature sauvage ont succédé au faste des cours.
Ces pensées qui s'étaient présentées à mon
imagination, au seul nom de l'île des Faisans, prononcé par mon guide, firent bientôt place aux sensations produites par la
vaste et belle scène qui se déroulait à
mes yeux. Les feux du soleil couchant, qui

_____

[1] *Mémoires de Mademoiselle de Montpensier.*
1855, tom. 7, page 224.

se réflétaient au loin dans les eaux, et les coloraient de mille nuances diverses ; ces monstrueuses montagnes entassées , pour ainsi dire, les unes sur les autres, et dont les accidens variés formaient une infinité de points de vue ; Fontarabie dont nous apercevions devant nous sur la rive gauche les tours démantelées ; Hendaye sur la rive droite, et ses maisons percées à jour, ces deux ruines qui se regardaient tristement d'un bord à l'autre ; les paysans espagnols qui travaillaient au maïs le long du rivage , et dont les chants arrivaient affaiblis jusqu'à nous, apportés par les brises embaumées de la Castille , tous ces tableaux pouvaient bien , vous en conviendrez , faire oublier Louis XIV et Mazarin.

La marée qui redescendait alors avec assez de force, en facilitant notre marche, imprimait à notre frêle embarcation un balancement tout-à-fait agréable, mais qui de temps en temps devenait inquiétant. Il me sembla plusieurs fois que nous allions être engloutis dans les eaux de la Bidassoa. Enfin nous arrivons, la barque est amarrée au rivage et je mets le pied en Espagne.

Nous montons à la ville à travers les décombres des fortifications. Il semble encore que Fontarabie vient d'être emportée d'assaut la veille, et pourtant quarante années tout juste et presque jour pour jour, se sont écoulées depuis la prise de cette place, brillante action qui commença la gloire du général Lamarque.

Dans la séance de la convention nationale du 21 thermidor (8 août 1794), Bar-

rère, après avoir annoncé à la tribune que
Fontarabie est tombée au pouvoir de l'armée française, ajoute : « Ce succès a des
détails trop singuliers pour être omis dans
ce récit. »

« Le 14 thermidor (31 juillet 1794),
Garreau, représentant du peuple, marcha
vers Fontarabie avec trois cents hommes ,
braves soldats. Lamarque, adjoint à l'état-
major, capitaine de grenadiers , celui-là
même qui est en ce moment à votre barre,
porteur des drapeaux espagnols, comman-
dait cette troupe républicaine. Ils prennent
un poste au-dessus de Fontarabie , après
avoir essuyé une décharge à mitraille qui
tua trois hommes à côté de Garreau. Celui-
ci, maître de la hauteur, fait sommer Fontarabie de se rendre. Lamarque entre dans

la ville en qualité de parlementaire, et menace de l'assaut, si elle ne se rend dans quelques heures.

» Le conseil de guerre était assemblé. On y voyait deux capucins, un curé, le commandant, le major de la place, le chef de l'artillerie et quelques officiers.

« Les capucins insistent d'abord pour se défendre. Ils invoquent Dieu et les saints de leur église, et demandent aux habitans s'ils consentiront jamais à abandonner tant de biens aux ennemis de la religion. Le temps s'écoule. Lamarque va trouver Garreau, leur rapporte une sommation qui ne leur accorde que *six minutes*, et fait observer que les lois de la guerre obligeront de *passer aussi les capucins au fil de l'épée*, si la place ne se rend pas dans le délai fixé.

12

» Il y avait dans la place huit cents Espagnols défendus par cinquante bouches à feu. Mais la peur présidait le conseil de guerre. Les capucins n'ont pas jugé à propos d'essayer de l'exécution des lois de la guerre. Le commandant d'ailleurs, fatigué du bombardement qui avait détruit une partie de la ville, s'est rendu prisonnier de guerre, ainsi que la garnison, abandonnant drapeaux, armes, artillerie et munitions. On ne saurait peindre leur étonnement quand ils ont vu qu'ils s'étaient rendus à trois cents républicains. Ils croyaient avoir affaire à plus forte partie. »

A côté de ce récit fait par Barrère, il est curieux de voir dans quels termes Garreau rendait compte de l'événement, dans une lettre adressée à Carnot, son ami et son

collègue. « Quelle victoire, mon cher ami,
» que celle que nous venons de remporter
» sur les esclaves du tyran de Madrid ! Il
» m'est impossible de t'en donner les dé-
» tails. Je ne sais par où commencer. Ils
» sont tous des plus intéressans. Les sol-
» dats de cette armée ne sont pas des hom-
» mes, mais des démons ou des dieux.
» Moi, chétif personnage, j'ai aussi joué
» mon rôle, et j'ai eu part à l'action. Avec
» trois cents braves soldats je me suis porté
» sous les murs de Fontarabie à portée du
» pistolet, et au moment où je m'empa-
» rais de la porte, ces coquins d'Espa-
» gnols m'ont tiré à mitraille. J'ai eu trois
» hommes tués à mes côtés. Mais ne per-
» dant pas courage, je me suis emparé
» d'une hauteur à demi-portée de canon de
» la place, et de là j'ai sommé le comman-

» dant de se rendre de suite , sous peine
» d'être passés, lui et la garnison, au fil de
» l'épée, etc., etc. [1] »

———

La Convention, après avoir entendu le rapport de son comité sur tout ce qui venait de se passer, tant à Iron et à Fontarabie que dans le Bastan , rendit un décret portant que *l'armée des Pyrénées avait bien mérité de la patrie.* Lamarque fut promu au grade d'adjudant-général.

Je fis mon entrée à Fontarabie beaucoup plus pacifiquement que le représentant Garreau. En dix minutes j'eus vu toute la ville dont les maisons et les habitans ont l'air

———

[1] *Moniteur* des **22** et **23** thermidor an II (9 et 10 août 1794).

également misérables. Les rues étaient à peu près désertes ; je trouvai cependant à l'entrée de la rue principale , un groupe de cinq ou six vieilles revendeuses de poisson qui, dans un costume et dans un langage de sorcières , avec des éclats de voix sataniques , se disputaient les morceaux d'un énorme thon qu'un pêcheur venait d'apporter.

J'aperçus aussi quelques petits détachemens de soldats en uniformes blancs, assez bien équipés, qui parcouraient la ville d'un air affairé. J'appris que c'étaient des troupes de la reine qui, par l'ordre de Rodil , faisaient évacuer sur Iron tous les approvisionnemens de vin des habitans , afin de couper les vivres aux troupes carlistes qui auraient pu venir pour s'en emparer.

12.

Fontarabie était d'autant plus triste et silencieuse à cette époque , que le peu de familles aisées qui l'habitent avaient émigré depuis peu, en crainte de l'invasion des troupes de don Carlos , les unes à Iron qui, entouré d'une assez bonne muraille, est au moins à l'abri d'un coup de main; d'autres à St.-Sébastien; quelques-unes , pour ne pas perdre de vue leur clocher , étaient venues tout simplement se réfugier à Hendaye. Enfin il n'était guère resté que les gens qui n'avaient rien à perdre. Un tas de petits garçons et de petites filles en guenilles me formaient une insupportable escorte. Ils me suivaient pied à pied dans tous les détours que je faisais au milieu des sales rues de Fontarabie. Quand je me retournais comme pour essayer si mon regard d'indignation aurait la puissance de les faire

fuir, ils me demandaient la charité d'un air
piteux. Je me gardai bien de les satisfaire ;
il m'en serait bientôt tombé le double sur
les bras. Je m'en débarrassai en entrant
dans l'église dont le sacristain leur ferma la
porte au nez.

On m'avait recommandé de voir les ornemens qui sont fort beaux, et de ne pas
négliger le magnifique coup-d'œil dont on
jouit du balcon de la sacristie. Il n'y a rien
en effet de plus admirable. L'église, étant
située sur un des points les plus élevés de
la ville, domine un horizon immense. La
mer à l'infini, l'embouchure de la Bidassoa
qui, en cet endroit, est fort large, les îles
dont elle est parsemée, les montagnes, l'Espagne au loin, la France de l'autre côté du
fleuve, le couvent des capucins à peu de

distance de la ville, et dont les bâtimens blancs se dessinent harmonieusement sur un fond de verdure, c'est un ensemble réellement enchanteur. Je suppose que le prêtre, en se préparant à célébrer l'office divin, et pendant que les tintemens de la cloche appellent les fidèles à la prière, passe chaque jour quelques momens sur ce balcon si heureusement placé. Il est certain qu'il y a bien là de quoi agrandir les idées, et élever l'ame vers l'auteur de toutes choses.

Madame de Staël, dans *Corinne*, nous dit qu'on trouva la statue de l'Apollon du Belvédère dans les bains de Néron, et elle s'étonne avec raison que ce monstre, en contemplant si souvent cette belle figure, n'ait pas eu des retours à la vertu. Il est des

scènes de la nature qui ont leurs inspira-
tions comme les traits d'une noble figure ;
celle-ci est du nombre, et j'aurais bien
mauvaise opinion du prêtre qui, après avoir
contemplé ce tableau, que je ne crains pas
d'appeler sublime, ne monterait pas à l'autel dans les plus saintes dispositions.

Quant aux ornemens, ils sont en effet
fort riches, et on les trouve d'autant plus
beaux quand on a vu la ville à laquelle ils
appartiennent. Il y a disparate complète.
L'un de ces ornemens a été acheté à Lyon;
il est en soie, tout brodé d'or, et le travail
en est d'une grande beauté.

C'est dans cette même église, que le 3
juin 1660, l'évêque de Pampelune officiant,
don Louis de Haro épousa pour Louis XIV,
en grande cérémonie, en présence du roi

d'Espagne et de toute la cour, l'infante Marie-Thérèse. Il paraît qu'à cette époque la sacristie n'était pas aussi bien montée qu'aujourd'hui, car madame de Motteville, qui assistait à cette cérémonie, dit dans ses mémoires que les ornemens ne lui ont pas paru beaux.

Les chapelles sont à l'espagnole, tout ornées de clinquant et de sculptures en bois doré. Je remarquai dans un coin enfoncé où le jour baissant n'arrivait qu'à peine, un portrait de moine qui me parut brodé en relief, en soie ou en chenille, sur un fond de soie blanc, et dont la belle barbe, qui ressortait très-bien, me rappella l'histoire assez plaisante de la barbe de capucin qui manqua faire mettre Boursault à la Bastille. Ce souvenir était d'autant plus ap-

proprié à la circonstance que précisément
cette même Marie-Thérèse, qui s'était
mariée dans cette même église, et son confesseur, cordelier espagnol, jouent un rôle
dans l'anecdote[1].

---

[1] Pendant son service auprès de la duchesse
d'Angoulême, quelqu'un proposa à Boursault
de faire une gazette en vers burlesques, et il
l'entreprit. Louis XIV, à qui on la montra, la
trouva si agréable, qu'il lui ordonna de la continuer, et de la lui apporter toutes les semaines; et, pour l'en récompenser, il lui accorda
une pension de deux mille livres, avec *bouche à
la cour.* Cette feuille, qui ne paraissait que ma-
nuscrite, réussissait beaucoup. Elle n'a jamais
été imprimée, et elle fut suspendue par une
cause assez singulière.

Une semaine que Boursault avait disette de
nouvelles plaisantes, il s'en plaignit à la table
du duc de Guise, chez lequel il mangeait souvent. Ce prince lui proposa de mettre en vers

En sortant de l'église je retrouvai mon escorte qui avait fait quelques recrues. Je m'esquivai comme je pus et je gagnai lestement mon bateau. Nous traversâmes de nouveau la Bidassoa. La soirée était déli-

---

une anecdote récente qu'il crut devoir amuser le roi et toute la cour. C'était une aventure arrivée tout auprès de l'hôtel de Guise, chez une brodeuse renommée, où les capucins du Marais avaient fait broder un saint François d'Assise, leur fondateur. Le Père sacristain allant voir où en était l'ouvrage, et y regardant travailler, s'était endormi sur le métier, et s'était laissé tomber la face sur celle du saint. La brodeuse, qui en était justement au menton, avait imaginé de profiter d'une occasion aussi favorable qu'inattendue, pour le décorer d'une barbe aussi vénérable que naturelle, et elle avait su coudre adroitement celle du sacristain au menton du bienheureux. Lorsque le religieux s'était réveillé, il n'avait pas été peu surpris de

cieuse, la rivière moins agitée, et je priai mon batelier de ne pas trop se presser, pour jouir plus long-temps du plaisir de la promenade sur l'eau.

Il y a des rapprochemens de date vrai-

---

se trouver retenu par ce qu'il avait de plus cher et identifié ainsi à son illustre patron. Un débat assez vif s'était élevé entre l'ouvrière et le religieux, pour décider auquel de celui-ci ou du saint demeurerait la barbe. Le capucin y tenait de trop près pour consentir à la perdre, et la brodeuse la trouvait si belle, que, désespérant d'en pouvoir former une semblable, elle ne voulait pas renoncer à en enrichir son ouvrage. Cependant le bienheureux fut obligé de céder, pour cette fois, à son disciple. Cette historiette parut à Boursault fort propre à être versifiée, et il en égaya sa gazette. Le roi en rit beaucoup, ainsi que toute la cour. La reine même, quoique très-dévote, n'y trouva d'abord rien que de plaisant, et ne fut point scan-

ment surprenans. J'ai retrouvé depuis sur mes tablettes de voyage que le même jour, 21 Juillet 1828, je traversais la Mersey pour me rendre du Cheshire à Liverpool. Mais si la date était la même, les circons-

---

dalisée ; mais le cordelier espagnol, son confesseur, qui n'entendait pas la raillerie, excité par les capucins, lui en fit un scrupule, et l'engagea à demander au roi vengeance de l'outrage fait à tout l'ordre séraphique, dans la personne de son Père sacristain. Le roi, fort jeune encore, n'était pas trop disposé à punir une espièglerie qui l'avait diverti ; il fit, au contraire, tous ses efforts pour calmer la reine à cet égard ; mais, la voyant inflexible, il lui abandonna la burlesque gazette et son auteur, et elle ordonna au chancelier Séguier de retirer la permission qu'on avait accordée à Boursault, et de l'envoyer à la Bastille. Le chancelier aimait Boursault, et l'honorait particulièrement de ses bontés. Heureusement il ne trouva pas

tances étaient bien différentes. D'abord la
Mersey, qui est un petit bras de mer d'environ deux lieues de large, était alors agitée
par un vent assez fort, accompagné d'une
violente pluie qui nous reléguait tristement

---

le délit aussi grand que la colère de la reine
était active, et il eut l'attention, en se soumet-
tant aux ordres de cette pieuse princesse, d'observer à l'officier qu'il chargeait des siens, de
laisser au prétendu coupable, en allant les
exécuter, le temps nécessaire pour pouvoir
écrire au roi et à quelques-uns de ses autres
protecteurs.

Boursault, enchanté du succès de sa gazette,
et ne s'attendant guère aux suites qu'il allait
avoir, donnait un déjeûner à quelques jeunes
gens de sa connaissance, lorsque l'officier, qui
par hasard était de ses amis, vint lui apporter
les ordres du ministre. Cette visite ne prit rien
du tout sur sa bonne humeur. Il fit mettre l'of-

dans la cabine du bateau, tandis qu'ici la soirée était admirable et la Bidassoa unie comme une glace, la marée ayant alors fini de descendre. Il est vrai aussi que le but de la traversée était bien autre chose en 1828. Au lieu de débarquer à un mal-

ficier à table, et sans perdre son temps à s'affliger de ce qui lui arrivait, il profita au contraire très-gaîment de celui qu'on voulait bien lui laisser pour écrire une lettre en vers au prince de Condé, son protecteur déclaré.

Cette épître fut fort utile à son auteur ; car le prince alla sur-le-champ trouver le roi, et il en obtint la révocation de l'ordre d'envoyer le poète à la Bastille ; mais, pour ne pas trop contrarier la reine, qui voulait absolument qu'il fût puni, la défense de continuer la gazette burlesque subsista, et l'on suspendit même provisoirement la pension de deux mille livres.

(*Vie de Boursault.*)

heureux village délabré, j'arrivais à un des plus beaux ports du monde, à Liverpool, la riche, la belle, l'industrieuse Liverpool, avec ses vastes bassins, ses larges docks et ses nombreux vaisseaux de tous les points du globe; avec ses rues si propres et si spacieuses, ses beaux trottoirs et ses squares élégans; et son consul français donc, son excellent consul ! Pourrais-je parler de Liverpool sans penser à lui ?

Il faut avouer que c'est une belle institution que les consuls. Si jamais je faisais partie de la chambre des députés je m'empresserais de réclamer pour eux un supplément d'allocation, dût l'opposition en masse m'assaillir de ses hourras parlementaires.

Des environs de Calais, où mes affaires

m'avaient appelé, je m'étais déterminé à
passer en Angleterre comme on décide une
promenade en bateau sur la Seine; comme
dans une belle journée du dimanche, vers
deux heures après midi, un brave bonne-
tier de la rue St-Martin se détermine, tout
d'un coup, sur les instances de sa famille, à
aller faire une partie dans l'île St-Denis.

Je monte sur le paquebot, je traverse
rapidement Douvres, Cantorbéry, Roches-
ter, j'arrive à Londres. J'y passe trois jours,
puis je remonte en voiture, je vais, je vais
toujours devant moi. Je visite Oxford, ses
collèges et ses chapelles magnifiques, Bir-
mingham et ses fabriques, Volverhamp-
ton, ce pays tout de feu et de fumée, qu'on
prendrait pour une dépendance des régions
infernales. Enfin, allant toujours, et me sa-
turant d'*ale* et de *rosbif*, je débarque à

Liverpool. Là je me vois forcé de m'arrêter pour huit jours. Il me fallait attendre
des papiers dont j'avais besoin pour continuer mon voyage. Mais que faire à Liverpool pendant tout ce temps ? Un jour me
suffira pour la parcourir et en admirer les
beautés. Sachant très peu la langue, n'y
connaissant personne, point de lettre de
recommandation, c'était à y périr. Déjà
une espèce d'avant goût de spleen commençait à me gagner en considérant un
grave Anglais qui déjeûnait silencieuse-
ment en face de moi. Tout-à-coup, comme
je savourais tristement ma dernière tasse
de thé, une idée me frappe. Il doit y avoir
un consul français ici. Allons le trouver; il
m'aidera à passer, vaille que vaille, ces huit
mortels jours. J'apprends qu'il se nomme
M. Angrand (il est aujourd'hui consul à

Édimbourg) et qu'il demeure dans New Bedford street, n° 3. A l'instant même, j'entreprends de me diriger seul vers sa maison à travers la vaste cité. Je demande mon chemin en mauvais anglais. La moitié du temps je ne comprends pas les réponses qu'on me fait. C'est égal; je vais à un autre un peu plus loin, je fais un peu sourire les boutiquiers à qui je m'adresse ; n'importe, je ne me déconcerte pas et je continue bravement ma route. Enfin j'arrive au haut de la ville, sur une très-jolie place, *Abercromby square*, bordée de jolies petites maisons bien propres, bien neuves, bien confortables, et au numéro 3 je trouve M. Angrand. Je suis accueilli de la manière la plus cordiale. Il me présente à quelques amis, et dès le premier jour me voilà lancé. C'étaient des promenades de tous les côtés

dans de jolis parcs, sur les bords de la Mersey, de la musique, même un peu de danse;
le soir, des causeries charmantes chez le
consul; si bien que ces huit jours dont la
perspective m'avait tant effrayé se passè-
rent de la manière la plus agréable. Vous
conviendrez, comme je le disais tout à
l'heure, que les consuls sont une admirable institution et qu'on ne saurait trop
apprécier.

Mais, mon Dieu, moi qui avais annoncé, à
ma première digression, le projet de ne pas
retomber dans de pareils écarts, voilà que
j'en fais un qui nous rejette à quatre cents
lieues de la frontière d'Espagne! Pardon-
nez-moi, bienveillant lecteur, car il faut
que vous le soyez pour être venu jusqu'ici,
de vous avoir transporté du beau climat de

la Navarre sur les rives un peu brumeuses de
la Mersey. Passez-moi cette digression en
faveur de M. Angrand à qui j'en ferai part,
et qui vous en saura certainement très-bon
gré. Arrivons à Hendaye.

Ainsi que je l'ai dit, une grande partie des
maisons d'Hendaye sont en ruines. On les a
laissées telles que le bombardement les a
faites. Les unes n'ont que la façade, et on
voit de loin le ciel par les ouvertures des
fenêtres. D'autres n'ont plus que le rez-de-
chaussée. D'autres seulement un pan de
muraille, dont les déchirures dentelées se
dessinent vaporeusement à l'horizon. Les
pierres gisent çà et là recouvertes d'herbe
et de fleurs des champs. Les petits enfans
viennent y jouer à cache-cache, et les vieux
pêcheurs, retirés des affaires, viennent y

fumer tranquillement leur pipe, pour contempler encore de loin le théâtre de leurs anciens exploits. De là aussi, ils peuvent suivre de l'œil la petite voile blanchissante qui emporte au large leurs fils ou leurs amis, ou venir épier avec inquiétude leur retour lorsque l'état du ciel annonce une prochaine tempête.

Après avoir parcouru tristement ce lieu de destruction, je rentrai dans la partie habitée. Elle se compose de quelques maisons échappées à l'artillerie des Espagnols, et de quelques autres qui ont été construites récemment. La maison du Seigneur a aussi été respectée par les bombes et les obus. Elle s'est conservée intacte. Du reste, sa simplicité, et même sa pauvreté, conviennent bien à l'église d'un village en ruines. Mais faut-il donc tant de pompe et d'ornemens

pour adorer ce Dieu qui voulut naître dans
une étable et qui recommande expressé-
ment le renoncement aux vanités d'ici-bas?
Comme disait M. de Montlosier à ceux de
l'assemblée constituante qui voulaient dé-
pouiller le clergé : « Si vous ôtez aux évê-
» ques leur croix d'or, il leur restera leur
» croix de bois qui sera encore assez puis-
» sante. C'est une croix de bois quia sauvé
» le monde et non une croix d'or. »

La seule chose qui mérite quelque attention dans l'église d'Hendaye est une
fresque qui est près de l'autel, et qui représente Saint-Martin coupant son manteau
pour le partager avec un pauvre. On est
étonné de trouver là quelque chose d'aussi
remarquable. Quelque artiste aura passé
anciennement à Hendaye et aura voulu y

laisser des traces de son passage. Heureux
privilége du talent !

Comme je sortais d'Hendaye pour revenir à Béhobie, je rencontrai le curé qui
revenait de faire une promenade solitaire,
son bréviaire sous le bras. Je lui demandai
s'il était content de ses paroissiens.

— « Mais oui, me dit-il, je n'ai pas à m'en
plaindre. Ils sont un peu têtus, un peu que-
relleurs, mais ce sont de braves gens. Il ne
faut que savoir les prendre. »

Nous causâmes encore quelques minutes,
après quoi nous nous dîmes adieu aussi
cordialement que si nous nous étions con-
nus depuis dix ans. Je me mis en route
très-lestement pour Béhobie. Je commençais à ressentir un appétit que l'air vif des

montagnes et de la rivière avait singulièrement exalté. Je ne marchais pas, je courais sans faire attention au pays que je traversais, j'étais devenu Basque. Lorsqu'on a faim et soif on cesse d'être admirateur des beautés de la nature. Je n'avais plus qu'une idée fixe qui absorbait toutes les autres, c'était le souper. Non pas que je m'attendisse à faire un souper splendide. Je savais ce que c'était qu'une *posada* espagnole, et si je n'étais pas en Espagne j'en étais bien près, aussi près que possible. Mais enfin j'étais sûr que j'allais trouver quelque chose à manger, et cette pensée me donnait des ailes.

A ma grande surprise je trouvai que la digne hôtesse des *deux nations* m'avait préparé un souper très-satisfaisant. J'avais

entr'autres choses d'excellentes louvines [1],
poisson tout nouveau pour moi, et dont je
me régalai tout au moins autant que
M. Alexandre Dumas de son beefteak
d'ours, ou de la délicieuse truite qu'il avait
pêchée lui-même à la serpe dans je ne sais
plus quel torrent de la Suisse [2].

Elle avait même eu l'attention délicate,

---

[1] La côte de St-Jean-de-Luz et de Bayonne
fournit toute sorte de poisson : des louvines, des
turbots, des thons, des lamproies, des sardines; le
saumon attiré par les eaux de l'Adour, remonte
cette rivière et vient se mêler aux excellentes
truites qu'on trouve dans les gaves de Pau et
d'Oléron. La louvine est un poisson fort délicat
qui se rapproche de la truite.

[2] *Impressions de voyage* par M. Alexandre
Dumas. Voyez les chapitres du *beefteak d'ours*
et de la *pêche à la serpe*.

pour me faire goûter un mets du pays, de me servir de la *méture* toute chaude. A vrai dire je ne trouvai pas la chose merveilleuse; mais comme tout le reste était fort bon, je n'avais pas à me plaindre.

Après mon souper, je témoignai de mon mieux à mon hôtesse toute ma gratitude pour la manière dont elle m'avait traité, et je me fis conduire à ma chambre dans l'espoir de me refaire par un bon somme des fatigues de la journée.

CHAPITRE VI.

Iron. — Les troupes du Pastor. — Le couvent de Capucins. — Retour à Bayonne.

Ainsi que je l'ai dit en terminant le dernier chapitre, je me flattais de l'espoir de
passer une bonne nuit dont je ne laissais
pas que d'avoir besoin. Mais hélas ! j'avais

compté sans mon hôte, ou plutôt sans mes
hôtes. Il n'y avait pas cinq minutes que j'é-
tais couché, lorsque j'entendis au-dessous
de moi un grand bruit de grelots, et tout
cet agréable accompagnement d'un charretier qui jure après ses chevaux. Ce n'était
pourtant ni un charretier, ni des chevaux,
mais bien un muletier espagnol qui venait
d'arriver avec trois mules, se rendant à
Bayonne pour son commerce. Or, ma
chambre était située précisément au-dessus
de l'écurie, et le plancher étant excessive-
ment mince, il en résultait que j'entendais
tout ce qui s'y passait, ni plus ni moins que
si j'eusse été couché côte à côte de ces mau-
dites bêtes.

Il semblait qu'elles eussent juré de me
faire enrager, car elles ne cessèrent d'agi-

ter leurs grelots pendant toute la nuit, ou si le silence se rétablissait pendant quelques instans, il ne tardait pas à être interrompu de nouveau par un redoublement de tintamarre. Je ne comprenais pas pourquoi le muletier ne les avait pas débarrassées de cet attirail si bruyant ; c'était sans doute un peu de paresse ; pour être plus tôt prêt le lendemain matin, à moins que ce ne fût une conspiration contre mon repos. Ajoutéz à cela que le coquin, du coin de l'écurie où il s'était établi, les apostrophait continuellement. C'est l'usage des muletiers espagnols d'être toujours en conversation avec leurs bêtes, soit pour les gronder, soit pour leur dire des douceurs.

Une de ces mules devait s'appeler *Carita*, car ce nom revenait sans cesse, et sitôt que

Carita s'amusait à donner quelques coups de pied à ses compagnes, ou à les mordre pour leur arracher un morceau de foin, c'étaient des remontrances à n'en plus finir, accompagnées de jurons espagnols ou basques, à faire tomber la maison. Puis ensuite, je l'entendais qui radoucissait le ton, et lui adressait des phrases qui devaient répondre à peu près à ceci. « Allons, ma chère » amie, je t'ai grondée un peu rudement, » c'est vrai ; j'ai eu tort ; mais aussi tu n'es » pas raisonnable : sois gentille, et nous » serons bons amis. »

Vers cinq heures du matin, le bruit augmenta tout-à-coup. Pendant quelques minutes j'entendis un grand remue-ménage, et puis tout rentra dans le silence. Mon homme venait de repartir avec ses bêtes.

J'espérais au moins que je pourrais reposer une heure ou deux , mais à peine je commençais à m'assoupir que je fus réveillé par une pluie battante qui frappait contre mes carreaux. « Allons , me dis-je , il est » écrit que je ne dormirai pas ici ; il faut » prendre son parti. » Je me levai furieux, et très-désappointé de cette pluie qui paraissait peu favorable à mon excursion de l'autre côté de la Bidassoa. Mais au bout d'une demi-heure , le ciel s'éclaircit entièrement ; le soleil parut plus radieux que jamais, et je n'eus plus qu'une crainte, celle d'avoir trop chaud , crainte qui fut , du reste , amplement réalisée.

J'avais donné l'ordre à mon guide de venir me prendre à sept heures. Il fut exact au rendez-vous. Lorsque nous fûmes arrivés à l'extrémité du pont, du côté de l'Espagne, quelques hommes sortirent d'une petite bicoque, et vinrent à moi, me demandant mes papiers. Je leur fis voir le permis de M. le délégué, et ils me laissèrent passer. Comme ils n'étaient pas en uniforme, je demandai à mon guide qui étaient ces hommes. Il me répondit que c'étaient des gendarmes.

Je ne sais si c'est par mesure d'économie que la reine Christine les laisse ainsi dans le costume bourgeois, mais on devrait l'avertir qu'ils ont la plus piteuse tournure du monde.

Nous voilà donc en marche pour Iron. On suit pendant quelque temps le cours de la Bidassoa, sur une route assez belle et bien entretenue, à peu près dans le genre de ce que nous appelons en France *route départementale*, quoique peut-être un peu moins large. Quelques maisons, quelques fermes se trouvent disséminées çà et là sur les bords. Les paysans étaient alors fort occupés à travailler le maïs. Ces terrains, dans tout ce qui est près de la rivière, semblent être des terrains d'alluvion très-favorables à la culture de cette plante, car elle y est magnifique, et bien supérieure à tous les maïs que j'avais vus en Gascogne, où il y en a cependant de fort beaux.

De jeunes filles passaient fréquemment à côté de nous, se rendant à Iron pour y porter des provisions, des légumes, etc. Cette population me paraissait moins misérable et plus gracieuse que celle de Fontarabie. Toutes ces jeunes filles avaient deux ou trois longues tresses de cheveux qui pendaient sur leurs épaules. C'est la grande parure des Espagnoles, et surtout des filles de la campagne. Elles ornent ces tresses de rubans plus ou moins élégans suivant leurs moyens pécuniaires. C'est comme partout, assaut de toilette et de coquetterie. C'est comme chez les sauvages où les femmes des *chefs* sont enchantées d'avoir de plus beaux colliers, de plus belles plumes rouges ou bleues que les femmes du *peuple*. C'est comme chez nous. La grisette porte une ceinture de trente sous, faute de mieux. La petite bourgeoise en achète une de quatre francs, qui désole la grisette; la belle dame, la comtesse ou la femme d'agent-de-change, va chez Vatelin, et achète une ceinture de quinze fr. qui écrase, qui tue la bourgeoise.

Les femmes de cette contrée sont en général de taille au-dessous de la moyenne, d'une démarche gracieuse pour laquelle ce joli mot italien *disinvoltura* (que notre mot français *abandon* ne rend qu'imparfaitement) semble avoir été fait. Elles ont de beaux cheveux, le teint un peu basané, de beaux yeux, de ces yeux noirs qui ont fait dire à lord Byron qu'il préférait les beautés piquantes du midi aux pâles beautés du nord ; opinion qui, par parenthèse, l'avait brouillé sans retour avec toutes les belles dames de l'Angleterre ; opinion, du reste, sur laquelle il y aurait beaucoup à dire, qui est très-susceptible de controverse, et qui rentre dans la vieille et interminable que-

15

relle des yeux bleus et des yeux noirs [1].

A mesure que j'approchais, Iron qui, du haut de la côte d'Orogne, m'avait paru, la veille, une véritable ville, se réduisait

---

[1] « Les femmes espagnoles avec leurs cheveux
» du plus beau noir, leurs formes un peu mes-
» quines, leur teint très-coloré pour ne rien
» dire de plus, leurs beaux yeux noirs, leur
» physionomie expressive, c'est la passion ar-
» dente, c'est du feu, c'est l'emportement,
» l'ivresse des sens. Les Anglaises, avec leurs
» jolis cheveux blonds, leurs formes dévelop-
» pées, leurs beaux yeux bleus, leur teint
» charmant, leur admirable fraîcheur, leur
» figure calme, c'est l'amour aussi ; car sous
» leur extérieur froid se cache une ame qui,
» si elle n'est pas de feu comme celle des Es-
» pagnoles, est loin d'être de glace ; c'est
» l'amour d'où les sens ne sont pas exclus,
» mais moins impétueux et moins enivrant.
» C'est un plaisir pur et doux comme l'azur

petit à petit aux dimensions d'un gros bourg.
Il contient environ deux mille habitans.

» du ciel qui se réflète dans leurs yeux. »
Extrait d'un ouvrage inédit intitulé : *Réminiscences d'un étudiant en droit.* Chap. IV,
intitulé : *Huit jours en Catalogne.*

Mistress Jameson, qui a publié sur les ca-
ractères de femme de Shakespeare des observations pleines de goût, et nuancées avec beaucoup de délicatesse, fait, au sujet de deux de
ses héroïnes, une distinction qui se rapproche
bien de l'opinion de notre étudiant, sur la
femme du midi et celle du nord. « Chez *Ju-*
» *liette*, dit-elle, la passion est comme inhé-
» rente à sa nature, elle fait partie de son
» essence même ; c'est le tonnerre qui gronde
» en s'échappant du nuage enflammé. Aussi
» notre imagination ne nous la représente ja-
» mais qu'avec de beaux yeux noirs et cette
» carnation colorée du midi. Elle nous appa-
» raît comme une figure du Titien. Dans

On suit d'abord , en arrivant , une assez
longue rue qui n'est qu'une espèce de faubourg , et qui se trouve , ainsi que l'église,
en dehors du mur d'enceinte. Les maisons
de ce faubourg ne sont guère que des maisons de paysans. Il paraît au reste que les
progrès de la population ne s'y ralentissent

» *Ophelia* , nous retrouvons tous les traits
» de la fille rêveuse du nord , au teint peu
» animé, aux yeux bleus. Elle ne pense qu'a-
» vec timidité à la passion dont elle est l'objet,
» et le sentiment qui se développe silencieu-
» sement dans son jeune cœur est bien plus
» tendre que celui qu'elle inspire. » *Caracte-
ristics of women. — Ophelia.*

Ceci n'est pas seulement un jugement litté-
raire, c'est aussi une opinion d'artiste. Mistress Jameson unit au goût en littérature le
sentiment du beau dans les arts, et cultive avec
succès ceux du dessin et de la gravure.

pas, car je vis un nombre infini d'enfans.
Il paraît aussi que c'était l'heure de la toilette. Les mères, assises au soleil, sur le
devant de leur porte, tenant leurs enfans
entre leurs genoux, étaient presque toutes
occupées à faire la chasse à certains petits
animaux qui, comme on sait, pullulent
prodigieusement sous le délicieux climat de
l'Espagne.

Je passai vite, et j'arrivai au mur d'enceinte. Cette muraille ne mérite pas le nom
de fortification ; mais, ainsi que je l'ai dit,
elle suffirait pour tenir en échec une petite
troupe pendant assez long-temps.

A peine avais-je fait mon entrée que je
me trouvai investi par cinq ou six douaniers (ceux-ci au moins étaient en uniforme),
qui vinrent à moi d'un air effaré comme si

j'étais venu prendre Iron d'assaut. J'exhibai
mon permis, et dès-lors j'eus toute liberté
d'explorer la ville et les environs.

Certainement Iron n'a pas, et ne peut
avoir, ni par sa situation, ni par la dimension de ses bâtimens, autant de grandiose
que Fontarabie devait en présenter avant
sa destruction ; mais il est plus joli et plus
propre, ou plutôt moins sale, car la propreté
n'est pas le fort des Espagnols. Les rues
n'y sont pas, il est vrai, très-régulières,
mais il y a un assez grand nombre de maisons de bonne apparence, et l'on voit qu'il
y règne une certaine aisance.

Comme j'étais sorti de la ville par la porte
opposée, pour considérer un peu la campagne, j'aperçus à une demi-lieue environ
les bâtimens du couvent de capucins que

j'avais remarqué la veille, en me rendant à Fontarabie.

« Crois-tu que je pourrai y entrer? dis-
» je à mon guide.

— » Oui, monsieur, on laisse entrer les
» étrangers.

— » Eh bien! allons-y. Par où faut-il
» passer?

» Pour aller au plus court, si vous vou-
» lez, monsieur, nous irons à travers
» champs, car le grand chemin nous ferait
» faire plus d'une lieue.

— « Soit, allons à travers champs. »

Et nous voilà sautant des fossés, enjam-
bant les haies, puis marchant dans le lit de
quelques ruisseaux à sec, où nos pieds,

c'est-à-dire mes pieds, roulaient et se brisaient sur les cailloux, car pour lui il marchait comme sur la pelouse. Enfin nous traversons sur un pont de bois un petit bras de la Bidassoa, et nous rejoignons le grand chemin.

Là nous nous trouvons face à face avec une douzaine de soldats qui m'avaient bien plutôt l'air de guérillas, ou même de bandits, que de toute autre chose. Leur uniforme était fort mal en ordre. Veste brune avec des boutons de métal bombé et des gances vertes, une culotte de même, de mauvaises guêtres, une casquette de forme assez bizarre; les uns portant des fusils, les autres des carabines, des sabres, des pistolets, et tous des figures très-peu rassurantes pour un voyageur inoffensif qui va voir des capucins. Mon guide me dit, en les voyant venir à nous, que c'étaient des soldats du *Pastor*. Ils nous avaient vus de loin sautant les haies, et les fossés, et il est probable qu'ils m'avaient pris pour un agent de don Carlos, car dans ce moment on ne pensait pas à autre chose.

Ils nous barrèrent le chemin, nous demandant en espagnol qui nous étions, et où nous allions. J'eus recours à mon talisman, et leur montrai ma permission. Mais comme pas un d'eux ne savait lire, et qu'ils n'avaient jamais vu le cachet de la police de Béhobie, le talisman ne produisit pas grand effet. Ils paraissaient vouloir m'emmener avec eux, et ils tinrent là une espèce de conseil de guerre.

Je commençais à me demander ce que

j'étais venu faire dans cette galère. Enfin
mon petit bonhomme les pérora si bien,
les assura si bien que j'étais un voyageur
français qui ne voulait passer que deux
heures en Espagne, et qui devait être le
soir même à Bayonne, qu'ils se laissèrent
persuader, et même nous quittèrent avec
des démonstrations de politesse tout-à-fait
comiques. Toute cette petite scène nous
avait fait perdre une demi-heure. Heureusement nous n'étions plus qu'à très-peu de
distance du couvent, et en dix minutes nous
y arrivâmes.

Ce bâtiment, qui n'est pas très-considé-
rable, n'a d'ailleurs rien de bien distingué.
Une petite chapelle, un cloître, un petit
corps de logis où sont les cellules des religieux, et un peu au-dessus, un assez grand

jardin. Quelques pauvres accroupis à la porte attendaient l'heure de la distribution de la soupe. Je tirai le cordon de la cloche, et un bon religieux vint nous ouvrir ; je chargeai alors mon guide de lui dire que c'était un voyageur français, venant de Paris, qui désirait voir son couvent; la figure du brave homme s'épanouit, et il courut chercher le supérieur avec beaucoup d'empressement. Au bout de quelques minutes celui-ci arriva, et nous reçut d'un air tout à fait affectueux. C'était un homme d'une soixantaine d'années, d'une figure assez régulière, et porteur d'une belle barbe grise. Du reste, vrai costume de capucin. Robe d'une étoffe brune et grossière, capuchon pareil, la corde autour des reins, les jambes nues et des sandales.

Comme je désirais causer un peu avec lui, et que je ne me souciais pas de mettre mon petit gamin en tiers dans toutes mes questions, j'étais un peu embarrassé de la manière dont j'engagerais ma conversation. Il ne savait pas un mot de français, et moi pas un mot d'espagnol. Tout en baragouinant, je parvins à comprendre qu'il parlait un peu latin et un peu italien, et comme j'étais à peu près de sa force, ce fut dans ces deux langues que toute notre conférence eut lieu. Je préférais l'italien, qui m'était plus familier, et lorsque je ne trouvais plus le mot propre, je finissais ma phrase en latin, y ajoutant d'ailleurs toute la gesticulation nécessaire. Il en faisait à peu près de même, de façon que notre causerie qui se prolongea plus d'une heure, avait quelque chose de singulièrement pit-

toresque. Il me fit voir d'abord la chapelle, et je lui sus d'autant plus de gré
de s'être dérangé pour moi, que je vis que
les bons pères étaient en ce moment occupés à chanter un office.

Il y a, comme on sait, en Espagne, des
couvens très-riches, mais les couvens de
capucins ne sont pas de ce nombre. Celui-
ci surtout est essentiellement pauvre, et
tout y porte l'empreinte de la plus grande
simplicité. La chapelle, si on en excepte
deux ou trois tableaux très-médiocres, est
absolument nue. Les religieux se tiennent
dans une vaste tribune qui domine l'autel. Le
bas est abandonné aux pauvres et aux autres
fidèles qui viennent chaque jour y entendre
la messe. Nous visitâmes ensuite le cloître,
le réfectoire, la cuisine et les cellules. Il

y en a une vingtaine environ; sur ce nombre deux ou trois étaient vacantes. La maison ne contenait alors que dix-huit religieux, douze prêtres et six frères servans.

Chaque cellule (ou *coubicolo* comme l'appelait le supérieur) contient un lit fort modeste, un petit banc de bois, et un prie-Dieu en forme de pupitre, contenant quelques livres. En parcourant avec moi le long corridor, le supérieur ouvrait de temps en temps quelques-unes de ces portes, pour me faire voir que l'ameublement était partout le même.

Les cellules étaient inoccupées pour le moment, les pères étant, comme je viens de le dire, à l'office. Cependant à la seconde ou troisième qu'il m'ouvrit, j'aperçus un jeune religieux occupé à écrire. Devant lui étaient plusieurs livres ouverts, et tout son pupitre était couvert de feuilles qu'il venait sans doute de composer. Au bruit que nous fîmes en ouvrant la porte, il leva la tête et nous salua sans se lever, mais en s'inclinant avec beaucoup d'humilité. C'était un homme d'une trentaine d'années, ayant une belle figure, une barbe noire et touffue, des yeux noirs pleins d'éclat et de vivacité, des traits qui offraient un mélange remarquable de douceur et de force. Le supérieur me dit qu'il était occupé à composer un sermon qu'il devait prêcher le surlendemain à Fontarabie pour la fête du patron de cette ville. Nous nous retirâmes promptement pour ne pas le déranger dans ses travaux.

Nous allâmes ensuite voir le jardin qui

va en s'élevant sur le penchant de la montagne à laquelle le couvent est adossé. On y jouit d'une vue magnifique, à peu près la même que du balcon de l'église de Fontarabie quoiqu'un peu moins étendue. Il est cultivé par les frères servans. J'y remarquai des fruits superbes et je m'extasiai sur leur beauté. Le supérieur s'avisa alors que je pourrais bien avoir faim, et en cela il ne se trompait guère, car il était plus de neuf heures, et la promenade m'avait merveilleusement disposé pour le déjeûner. Il m'offrit de prendre quelque chose. Je refusai par discrétion, mais du ton d'un homme qui ne demande qu'à être pressé. Il insista, en me priant de prendre au moins la *cioccolata*; j'acceptai la *cioccolata*. Nous rentrâmes dans l'intérieur du couvent. Il appela l'économe et lui donna ses instructions, puis il m'emmena causer dans sa cellule qui ne se distingue en rien de celle des autres pères.

Au bout de cinq minutes je vis arriver un frère servant, portant sur un plateau de bois une très-petite tasse de chocolat et un très-grand verre d'eau. Vu la disposition famélique où je me trouvais j'aurais préféré que les dimensions fussent en sens inverse, mais enfin il fallut bien s'en contenter. Je n'avais pas même la ressource qu'ont les écoliers et les maçons, et dont ils usent largement, de me rejeter sur le pain ; car il n'y avait qu'une petite rôtie dont l'exiguité était tout à fait en rapport avec celle de la tasse. Du reste je dois dire que je ne me rappelais pas avoir jamais pris d'aussi bon chocolat. Je ne manquai pas de le dire au supérieur qui en parut assez flatté.

Je lui demandai à cette occasion quel régime on suivait dans son couvent,

— « Nous nous levons à une heure pour
» dire matines. Puis nous nous remettons
» au lit jusqu'à cinq heures[1]. A sept
» heures nous prenons *la cioccolata*. A
» onze heures la distribution de la soupe
» aux pauvres, puis le dîner. De la soupe,
» des légumes et *quelquefois* un peu de
» viande (*un poco di carne*). Le soir, à sept
» heures, le souper, composé uniquement
» de légumes du jardin. »

---

[1] Et quel lit ! je pouvais en juger, car j'étais assis dessus, à côté du supérieur, le banc de bois étant trop petit pour recevoir deux personnes.

En 1825, lorsque je visitai le couvent de Trapistes de la Meilleraie, près de Nantes, et leur bel établissement agricole, je laissai, en partant, pour les besoins de la maison, un tribut qui fut accepté. Je crus pouvoir présenter au supérieur une offrande du même genre ; il refusa.

— « Mais, mon père, pour vos pauvres...

— Nous ne pouvons pas toucher d'argent. Notre règle nous le défend.

— Mais enfin, vous achetez quelquefois des provisions, de la viande, de ce bon chocolat dont vous venez de me donner tout à l'heure? comment faites-vous ?

— Nous avons un procureur à Fontarabie qui fait tous les achats, et rend ses

comptes au supérieur général, à Pampelune. »

Voilà donc ces hommes dont on se mo-
que généralement, parce que généralement on les connaît peu, et qu'on ne les
voit pas de près. Dans un capucin, on ne
voit qu'une robe crasseuse, un capuchon
et une longue barbe ; il est certain pourtant qu'il y a autre chose dans un capucin.
L'abnégation complète, si on en excepte
la *cioccolata*, de toutes les jouissances de
la vie (même de la première de toutes qui
n'est pas interdite au dernier paysan, la
liberté de faire ce que bon nous semble), la
pauvreté, l'obéissance, l'abstinence, la
veille, la prière, la prédication, le soin
des pauvres. Et cependant, sur toutes ces
figures, bien loin de remarquer l'empreinte

de la tristesse et de l'ennui, vous trouvez le calme, et même l'expression d'une douce satisfaction intérieure. Et dans le fait, ils ne sont réellement pas malheureux. Leurs jours semblent s'écouler dans la monotonie; mais c'est la monotonie d'une ame toujours en paix, toujours contente d'elle - même. Etrangers à toutes nos passions, à tous ces calculs d'intérêt qui tourmentent les individus et brouillent les familles, à tous nos sots amours-propres, à nos dévorantes ambitions, à tous ces désappointemens poignans, à ces secousses morales qui usent notre fragile existence, qui tuent avant l'âge l'homme fort comme la faible femme, une seule pensée les anime; et d'après leurs convictions profondes, elle renferme à elle seule plus de biens que le monde ne peut en donner. C'est l'idée d'un exil passager rempli de bonnes œuvres, et qui doit être suivi d'un bonheur sans fin. Accoutumés qu'ils sont aux privations, elles n'en sont plus pour eux. Ils supportent le poids de la vie d'une humeur toujours égale, et en voient arriver le terme sans crainte. Y a-t-il beaucoup d'hommes du monde qui puissent en dire autant?

C'était à peu près là ce que me disait le supérieur, et je trouvais un certain plaisir à l'écouter, car je commençais déjà à comprendre son italien. Mais au milieu de toutes ces causeries le temps s'écoulait. Je ne perdais pas de vue mon projet de retour à Bayonne pour le soir même, et je songeai à dire adieu aux capucins et à l'Espagne.

Je pris congé de mon hôte après l'avoir

remercié de sa cordiale réception. Mon guide m'attendait en bas, près de la porte intérieure du couvent. Nous nous remîmes en route et une heure après nous rentrions à Béhobie.

Le chocolat des bons pères n'avait fait que m'aiguiser l'appétit. Je me réconfortai puissamment par un déjeûner solide qui répondait très-bien au souper de la veille, et tout étant prêt pour le départ, je remontai dans le cabriolet dont je vous ai ci-dessus donné la description. Nous ne nous arrêtâmes que peu de temps à Saint-Jean-de-Luz, et le soir, à la nuit tombante, nous rentrions à Bayonne.

Rien ne pouvait m'arrêter dans cette ville. Je n'avais plus qu'un désir, celui de retourner bien vite à Toulouse, expédier promptement l'affaire dont la suspension forcée m'avait valu ces quinze jours de loisir , et de reprendre au plus tôt la route de Paris.

Aussi la première chose que je fis en descendant de voiture fut d'aller retenir ma place à la diligence pour le lendemain matin.

FIN.

NOTES.

(a) Dernièrement, dans un journal, un écrivain dont j'ai oublié le nom, osa dire que les Marseillaises étaient plus jolies que les Arlésiennes. M. Amédée Pichot, qui est d'Arles, releva le gant en courtois chevalier, et se hâta d'assurer dans le *Courrier français*, que la beauté des Arlésiennes l'emportait sur celle

17

des femmes de Marseille. Le fait est que les traits des femmes d'Arles offrent un type particulier, singulièrement gracieux, et qu'elles passent assez généralement pour les plus belles de la Provence. Cependant on a vu tomber des réputations encore mieux établies. Je ne sais si l'antagoniste de M. Pichot aura répondu. Il est probable que cette grande question est encore en litige.

(b) La *Camargue* et la *Crau* sont deux plaines d'une nature tout opposée, situées à l'embouchure du Rhône. La première est un terrain d'alluvion, formant un triangle entre les deux bras de ce fleuve et la mer; terrain très-fertile dans certaines parties, et marécageux dans d'autres. La *Crau*, plaine entièrement cailloueteuse, sur la rive gauche du bras oriental, n'offre, à l'exception de quelques défrichemens qui ont été faits de place en place avec de grands efforts, d'autre végétation qu'une herbe rare, très-fine, très-savoureuse, et dont les troupeaux sont très-friands. Ces deux plaines nourrissent pendant l'hiver une grande quantité de bêtes à laine. Mais comme l'extrême chaleur qui règne dans cette contrée pendant l'été leur serait funeste, la plupart de ces troupeaux *transhument* comme en Espagne; c'est-à-dire qu'au printemps ils partent pour les montagnes du Dauphiné où l'air est frais et les pâturages moins desséchés, : ils ne redescendent en Crau et en Camargue qu'au mois d'octobre.

C'est un spectacle assez curieux que le départ de ces caravanes pour la montagne. En tête vous voyez d'abord cinq ou six boucs de grande taille, aux cornes menaçantes. Ce sont les boucs *conducteurs*. Si les moutons n'étaient précédés par des boucs et des chèvres, ils refuseraient très-souvent d'avancer, lorsqu'il s'agit de passer un ravin, un torrent, ou de franchir quelque défilé trop escarpé. Les boucs qui sont plus hardis s'élancent en avant, et les moutons suivent. Quelquefois il en est qui perdent courage au milieu du torrent. Ils n'osent plus ni avancer ni reculer, et ils se noient. A la suite de ces boucs conducteurs dont l'unique mission est de servir de chefs pour l'aller et le retour, se présentent quinze, vingt, trente chèvres destinées à fournir du lait aux bergers, dans les lieux solitaires et presque inaccessibles où ils vont passer six mois. Car pendant tout ce temps ils ne vivent que de pain et de lait de chèvre. Ensuite viennent six cents, huit cents, mille, et quelquefois jusqu'à deux mille moutons. Puis des ânes qui portent les bagages, les manteaux des bergers, les couvertures, les marmites pour faire la soupe au lait, etc., puis enfin les bergers. Les ânes ont d'énormes sonnettes; les boucs en ont aussi, qui sont encore plus grosses. Il en résulte un carillon d'une nature toute particulière, qui s'entend dans les montagnes à des distances infinies. Les boucs lèvent la tête d'un air fier. Les ânes baissent le nez d'un air humble. Les clochettes résonnent, les moutons bêlent, les bergers chantent ou jouent d'une espèce de galoubet provençal. Tout cela fait un ensemble parfaitement grotesque.

J'étais à Arles au moment où les troupeau

se mettaient en route pour le département des Hautes-Alpes. Je trouvai très-joli de remonter à pied le cours de la Durance avec les bergers. J'achetai à l'instant un immense chapeau gris destiné à me garantir de l'ardeur du soleil. Je fis placer mon porte-manteau sur le dos d'un des ânes, et me voilà cheminant gaiement au son des clochettes, faisant, comme mes compagnons de voyage, quatre ou cinq lieues par jour, passant la nuit tantôt à la belle étoile, tantôt dans quelque gite sauvage d'un aspect effrayant, quelquefois dans des villes ou villages, quand mon étape m'y conduisait. C'est dans cette excursion, éminemment *pastorale*, d'une soixantaine de lieues, que je vis Sisteron, Embrun, Briançon où la Durance n'est encore qu'un ruisseau.

J'arrivai enfin aux belles rampes du Mont-Genèvre. Un obélisque a été élevé sur l'un des sommets de cette montagne, par les soins de M. de Ladoucette, alors préfet des Hautes-Alpes. Du pied de cet obélisque partent deux

17.

rivières en sens contraire. La Durance descend vers la France, et baigne, dans son cours capricieux et inégal, une contrée montueuse, âpre, solitaire, peu fertile. La Doire tombe en admirables cascades du côté de l'Italie et va arroser les belles plaines du Piémont.

Tout ce lieu est vraiment magique. Je ne sais combien de temps j'y serais resté en contemplation, si mon guide n'était venu m'avertir qu'on apercevait au loin dans le ciel les signes précurseurs d'un orage qui s'annonçait d'une manière inquiétante, et qu'il nous fallait retourner à Briançon en toute hâte.

(c) Presque tous les noms basques ont une signification. *Salaberry*, salle neuve, *Elicagaray*, cher à l'église; *Etcheberry*, maison neuve; *Etchecahar*, maison vieille; *Jaurguiberry*, château neuf; *Iturbide*, chemin de la fontaine, *Larreguy*, bords d'un bois, etc.

La langue basque est d'une abondance, d'une flexibilité dont nos langues modernes n'offrent pas d'exemple. Ainsi les verbes s'y conjuguent jusqu'à vingt-six fois avec des variantes considérables, qui remplacent l'addition des pronoms que nous sommes obligés de joindre à nos verbes. Les mots changent aussi, suivant qu'on s'adresse à un enfant, à un égal, à une personne à qui on doit du respect, ou à une femme. Ainsi on pourrait presque dire qu'il y a quatre langues différentes. Pour dire à un enfant : Je vous le donne : *Emaiten dauchut*; à un égal : *Emaiten dayat* ; à une personne à qui on doit du respect : *Emaiten dautzut*; à une femme : *Emaiten daunat*. Les adverbes même, les prépositions et les conjonctions se déclinent, se modifient suivant les circonstances auxquelles on les applique. Ainsi par exemple : Aujourd'hui, *egun* ; d'aujourd'hui, *egundie*; à aujourd'hui, *egunera* ; pour aujourd'hui, *egungoçat* ; jusqu'à aujourd'hui, *egunaraïno*. Demain, *bihar* ; de demain, *biharço* ; à demain, *biharera* ; pour demain, *biharcoçat*; jusqu'à demain, *biharartino*. Le seul mot français *bon* reçoit en basque plus de trente modifications suivant qu'il est au singulier ou au pluriel, ou joint aux mots *avec, pour, jusqu'à,* etc. , *on* , *ona* , *onac* , *onarecquin* , *onaganatno* , etc. Il en est de même des autres adjectifs.

Cette langue, ainsi que la grecque, admet la formation des mots composés presqu'à l'infini. *Handitiarra*, qui est souvent avec les grands. *Makilacaria*, un homme qui donne des coups de bâton. *Adinguidea* qui est égal en âge. *Diruguitaria*, une personne qui porte de l'argent. *Belharguiro*, le temps propre pour la crue des foins. *Mahaxguiro*, le temps propre pour la maturité des raisins. De cette faculté résultent souvent, comme on le pense bien, des mots d'une extrême longueur. Mais la rapidité de la prononciation des Basques les abrège. Aussi Scaliger disait : « Ces gens-là prétendent » qu'ils s'entendent entre eux, mais je n'en » crois rien. »

(*d*) On trouve dans l'Annuaire du bureau des Longitudes, pour 1855, une notice de

M. Arago, sur les puits artésiens , qui contient
le passage suivant :

« Le lac de Zirknitz, en Carniole, a environ
» deux lieues de long sur une de large. Vers
» le milieu de l'été , si la saison est sèche, son
» niveau baisse rapidement , et en peu de
» semaines il est complètement à sec. Alors
» on aperçoit distinctement les ouvertures par
» lesquelles les eaux se sont retirées sous le
» sol ; ici verticalement , *ailleurs dans une*
» *direction latérale vers les cavernes dont*
» *se trouvent criblées les montagnes envi-*
» *ronnantes.* Vers la fin de l'automne , après
» les pluies de cette saison , les eaux revien-
» nent par les mêmes canaux naturels qui leur
» avaient ouvert un passage au moment de
» leur disparition. »

FIN DES NOTES.

TABLE

DES CHAPITRES.

————

www.ingramcontent.com/pod-product-compliance
Lightning Source LLC
Chambersburg PA
CBHW070634100426
42744CB00006B/671